Ratten, Mäuse und Rennmäuse als Heimtiere

Biologie, Haltung und Pflege von Heimtierratten, Heimtiermäusen und Mongolischen Rennmäusen

Von Brigitte Rauth-Widmann

Verlagshaus Reutlingen · Oertel + Spörer

Haftungsausschluss

Die Hinweise in diesem Buch stammen von der Autorin.
Es können jedoch keinerlei Garantien übernommen werden.
Eine Haftung der Autorin bzw. des Verlages und seiner Beauftragten für Personen-, Sach- und Vermögensschäden ist ausgeschlossen.

Die Deutsche Bibliothek – CIP-Einheitsaufnahme

Rauth-Widmann, Brigitte:
Ratten, Mäuse und Rennmäuse als Heimtiere : Biologie, Haltung und Pflege von Heimtierratten, Heimtiermäusen und Mongolischen Rennmäusen / von Brigitte Rauth-Widmann. – Reutlingen : Verl.-Haus Reutlingen Oertel und Spörer, 1999
ISBN 3-88627-224-9

Postfach 16 42 · 72706 Reutlingen

Lektorat: Dr. Gabriele Lehari, Reutlingen
Schrift: 10/12 p Stone
Satz: typoscript GmbH, Kirchentellinsfurt
Reproduktionen: Oertel + Spörer, Reutlingen
Druck: Oertel + Spörer, Reutlingen
Einband: Heinrich Koch, Tübingen
Printed in Germany
ISBN 3-88627-224-9

Wissen ist die einzige menschenwürdige Grundlage für ein Leben mit Tieren.

Horst Stern

Vorwort

Seit tausenden von Jahren als Nahrungsmittelschädlinge und Krankheitsüberträger unerbittlich verfolgt, werden Mäuse und Ratten seit ebenso langer Zeit auch als heilig verehrt und geradezu zum Mythos erhoben. Diese zwiespältige Haltung den kleinen Nagetieren gegenüber hat sich leider bis heute kaum geändert. Deshalb muss man wohl davon ausgehen, dass es hauptsächlich die Unkenntnis über ihr tatsächliches Wesen und Verhalten ist, die uns Menschen ein ungespaltenes Verhältnis diesen anpassungsfähigen Überlebenskünstlern gegenüber so schwierig macht.

Nehmen wir uns jedoch einmal die Zeit, diese possierlichen Lebewesen, ihre natürlichen Veranlagungen und erstaunlichen Fähigkeiten, vor allem aber ihr geselliges Verhalten näher kennen zu lernen, dann werden wir sie mit Sicherheit so sehen können, wie sie wirklich sind. Und vielleicht wird es uns anschließend sogar möglich sein, vorurteilsfrei und mit Überzeugung weiterzugeben, dass weder ihre Verherrlichung noch ihre Verteufelung angebracht sind.

Ja, und was eignet sich außer Freilandbeobachtungen zum Studium des Verhaltens dieser munteren Nager besser als ihre artgerechte Haltung im „heimischen Wohnzimmer"? Gerade weil Ratten, Mäuse und Mongolische Rennmäuse während ihrer jahrzehntelangen gezielten Züchtung einige der in freier Natur überlebenswichtigen Verhaltensweisen abgelegt haben – als markanteste Eigenschaft ihre extreme Scheu vor dem Menschen – haben wir heute die Chance, mit diesen liebenswerten Tieren einen vertrauten Umgang zu pflegen und beispielsweise ihr Neugier- und Erkundungsverhalten oder ihre überaus interessante Körpersprache intensiv zu beobachten.

Aber zuvor müssen reifliche Überlegungen angestellt und entscheidende Voraussetzungen erfüllt werden, um diesen neugierigen und verspielten Nagern ein angenehmes Leben in Menschenobhut zu ermöglichen. Außerdem gilt es zahlreiche Faktoren zu berücksichtigen, damit man ihren Bedürfnissen gerecht werden und richtig mit ihnen umgehen kann.

Mit dem vorliegenden Buch möchte ich dem Nagerfreund, der mit dem Kauf dieser eher exotischen Arten unter den Heimtieren nicht nur einem Modetrend folgt, sondern sich ehrlich für Ratten, Mäuse und Mongolische Rennmäuse begeistert, umfangreiche Informationen über deren Haltung und Pflege an die Hand geben, damit ein Zusammenleben mit diesen kleinen Hausgenossen zum faszinierenden Erlebnis wird. Ich hoffe, dass es mir darüber hinaus auch gelingt, die Akzeptanz gerade gegenüber den Ratten-Liebhabern in unserer Gesellschaft etwas zu fördern.

Danke

An dieser Stelle möchte ich die Gelegenheit nutzen, meinem Mann Karl-Heinz für seine unendliche Geduld, mit der er es immer wieder geschafft hat, unsere kleinen flinken Nager „scharf und im rechten Licht“ vor seine Fotokamera zu bringen, ganz lieb zu danken.

Auch an meine beiden „Titel-Mädchen“ Nicola und Bella geht ein riesiges DANKESCHÖN fürs gemeinsame Posieren im Garten. Wollen wir hoffen, dass es euch – nicht zuletzt durch dieses Foto – gelingt, das Ratten-Image zum Besseren zu wenden.

Besonders erwähnen möchte ich natürlich meine Lektorin Frau Dr. Gabriele Lehari, die mir auch diesmal wieder sehr hilfreich zur Seite gestanden hat und der es zu verdanken ist, dass nicht nur aus meinen Manuskripten ansprechende Oertel+Spörer-Bücher werden. Danke, Gabi!

Herzlicher Dank gebührt auch allen technischen Mitarbeitern des Verlages, ganz besonders Herrn Dietmar Banaski, für ihren Einsatz auf der gestalterischen Seite.

Und wie schon das letzte Mal, last but not least: Ein herzliches Dankeschön meinem Verleger Herrn Ermo Lehari für die Möglichkeit, ein so umfangreiches Buch exklusiv den kleinen „Knopfaugen“ zu widmen.

Böblingen, im Januar 1999 — Brigitte Rauth-Widmann

Inhalt

Ratten, Mäuse und Rennmäuse als Heimtiere

Ratten, Mäuse und Mongolische Rennmäuse haben viele zoologische Gemeinsamkeiten. Die bemerkenswerteste und für ihre Eignung und wachsende Popularität als Heimtiere wohl entscheidendste ist ihr geselliges Wesen. In der Natur leben sie alle in großen Familienverbänden, in denen sie gemeinsam damit beschäftigt sind, ihr Revier durch Duftmarken abzustecken, ihren Wohnbau anzulegen, Gänge zu graben, Schlafnester auszupolstern oder Futter einzutragen. Auch für die Nachzucht und deren Wohlergehen wird meist gemeinschaftlich gesorgt.

Neben der Informationsübermittlung durch Duftstoffe ermöglicht den Mäusen, Ratten und Mongolischen Rennmäusen ihre äußerst differenzierte Körpersprache ein friedliches Miteinander innerhalb der Sippe. Gerade dieses ausgeprägte Sozialverhalten sowie ihre Neugierde und ihre freudige Bereitschaft, auch mit uns Menschen Kontakt aufzunehmen, lädt nicht nur Kinder und Jugendliche zum Beobachten ein und veranlasst sie zum Streicheln und kameradschaftlichen Umgang mit den Tieren, sondern auch unvoreingenommene und interessierte Erwachsene.

Ratten sind sehr zutrauliche Heimtiere, die sich bei richtiger Pflege dem Menschen rasch anschließen.

Zoologische Stellung

Ratten, Mäuse und Rennmäuse gehören zur Ordnung der Nagetiere *(Rodentia)*, die mit mindestens 2000 Arten die zahlenmäßig stärkste und vor allem erfolgreichste Gruppe unter den rund 4200 Säugetierarten darstellt.

Mit Ausnahme der Antarktis sind Nagetiere weltweit verbreitet und konnten aufgrund ihrer großen physischen und psychischen Anpassungsfähigkeit auch extreme Lebensräume wie z. B. Trockengebiete (Renn- und Springmäuse), Hochgebirge (Chinchillas, Degus) oder Großstädte (Hausmäuse, Wander- und Hausratten) erobern.

Es gibt unter ihnen ausschließlich unter der Erde lebende Vertreter wie die Nacktmulle oder zum Gleitflug befähigte wie die Gleithörnchen, außerdem auf das Leben in Sümpfen und Gewässern spezialisierte Tiere wie Nutria und Biber. Keine andere Säugergruppe war bislang in der Lage, so verschiedenartige Lebensräume erfolgreich und auf Dauer zu besiedeln.

Und auch an die unterschiedlichsten Nahrungsquellen und mitunter äußerst kargen Ernährungsbedingungen haben sich diese Überlebenskünstler im Laufe ihrer Entwicklungsgeschichte bestens angepasst. Viele unter ihnen haben zudem Systeme der Vorratshaltung entwickelt, man denke nur an die Feldhamster, Syrischen Goldhamster und Eichhörnchen.

Sowohl ihre Evolution (= stammesgeschichtliche Entwicklung) als auch die Eingliederung der Nagetiere in die Taxonomie, womit die biologische Systematik gemeint ist, sind zum gegenwärtigen Zeitpunkt noch nicht abschließend geklärt. Der Grund für die z. T. heftigen Fachdiskussionen zu dieser Thematik sind vor allem zahlreiche Parallelerscheinungen insbesondere im Bereich der Gebiss- und Kaumuskulatur-Entwicklung innerhalb der verschiedenen Nagergruppen. Dies gilt nicht nur für die Fossilformen, sondern auch für einige heute lebende Nagetiere wie etwa die *Caviomorpha*, die Meerschweinchenverwandten.

Gerade am Beispiel der Meerschweinchen, die man erst vor kurzem aus der Ordnung der *Rodentia* ausgegliedert hat, wurde erneut deutlich, dass die Systematik im Tierreich nur eine Art Hilfsmittel zur Klassifizierung darstellen kann und keineswegs starr ist, sondern als Anpassung an neueste wissenschaftliche Erkenntnisse in ständigem Wechsel begriffen sein muss.

So geht man derzeit auch davon aus, dass sich sowohl die entwicklungsgeschichtlich recht junge Familie der Mäuse (*Muridae*) als auch die der Wühler (*Cricetidae*), zu welcher neben den Rennmäusen u. a. die Wühlmäuse sowie die allseits bekannten Goldhamster und Zwerghamster zählen, in prähistorischer Zeit aus gemeinsamen Vorfahren entwickelt haben. Noch vor wenigen Jahren wurden dagegen die Wühler als die Stammväter der Mäuse angesehen.

Ordnung	Nagetiere *(Rodentia)*
Unterordnung	Mäuseverwandte *(Myomorpha)*
Überfamilie	Mäuseartige *(Muroidea)*
Familie	Wühler *(Cricetidae)*
Unterfamilie	Rennmäuse *(Gerbillinae)*
Gattung	Eigentliche Rennmäuse (*Gerbillus*)
Gattung	Sand- u. Wüstenmäuse *(Meriones)*
Art	Mongolische Rennmäuse *(Meriones unguiculatus)* • **Labor- und Heimtierrennmäuse**
Familie	Mäuse *(Muridae)*
Unterfamilie	Echte Mäuse *(Murinae)* *– Synonym: Langschwanzmäuse –*
Gattung	Mäuse *(Mus)*
Art	Hausmäuse *(Mus musculus)* • **Labor- und Heimtiermäuse** • Japanische Tanzmäuse
Gattung	Eigentliche Ratten *(Rattus)*
Art	Hausratten *(Rattus rattus)*
Art	Wanderratten *(Rattus norvegicus)* • **Labor- und Heimtierratten**

Tabelle 1: Ratten, Mäuse und Rennmäuse in der biologischen Systematik.

Wie aus Tabelle 1 hervorgeht, stammen nicht nur die eigentlichen Labormäuse bzw. Heimtiermäuse, sondern auch die Japanischen Tanzmäuse von den Hausmäusen ab. Man nimmt an, dass die in Westeuropa beheimatete Westliche Hausmaus (*Mus musculus do-*

mesticus) – eine Unterart der Hausmaus – die eigentliche Stammart unserer Labor- bzw. Heimtiermäuse darstellt. Die Japanischen Tanzmäuse sind dagegen aus der in Ostasien lebenden Wagner-Hausmaus (*Mus musculus wagneri*), ebenfalls einer Unterart der Hausmaus, hervorgegangen.

Weiter ist aus dieser Auflistung ersichtlich, dass sowohl die Laborratten als auch die als Heimtiere gehaltenen Ratten von Wander- und nicht, wie gelegentlich noch behauptet wird, von Hausratten abstammen.

Und schließlich hilft diese systematische Aufstellung klären, weshalb es bei der Benennung der Mongolischen Rennmaus häufig große Verwirrung gibt. Der im angelsächsischen Sprachraum verwendete Ausdruck „gerbil" wird im Deutschen häufig nicht korrekt mit Rennmaus, sondern mit Gerbil übersetzt. Das führt dazu, dass auch die Mongolische Rennmaus (mongolian gerbil), die in der biologischen Systematik der Gattung *Meriones* und nicht der Gattung *Gerbillus* zugerechnet wird, ebenfalls als Gerbil oder Gerbillus angesprochen wird.

Das allein ist nicht problematisch, wären da nicht die eigentlichen *Gerbillus*-Arten, die vereinzelt auch bei uns im Zoohandel angeboten werden. Anders als die sehr geselligen und neugierigen Mongolischen Rennmäuse sind sie häufig strenge Einzelgänger, die sich meist auch nicht gerne in die Hand nehmen lassen und somit andere Haltungsbedingungen und eine andere Pflege benötigen.

Albinos

Wie allgemein im Tierreich zu beobachten, treten auch bei den Mongolischen Rennmäusen, den Wanderratten und den Hausmäusen gelegentlich Weißlinge (Albinos) auf. Weil die betroffenen Tiere nicht in der Lage sind, bestimmte Farbstoffe (Melanine) zu bilden und in ihre Körperzellen einzulagern, sind ihre Haut und ihr Fell mattweiß. Gekoppelt mit der rein weißen Färbung tritt bei ihnen ein weiteres Merkmal auf: die roten Augen. Da die Pigmentlosigkeit auch die Regenbogenhaut (Iris) des Auges betrifft, schimmert das Blut an dieser Stelle deutlich durch, sodass

Schwarz-weiß gescheckte Heimtiermaus.

die Iris blutrot erscheint. Die Färbung des Blutes kommt übrigens durch andere Farbstoffe, die auch albinotische Tiere aufbauen können, zustande.

Da Farbpigmente in der Iris u. a. als Lichtfilter wirken, sind pigmentlose Augen strahlungsempfindlicher und rotäugige Tiere somit wesentlich sensibler gegenüber grellem Licht als Tiere mit dunkel gefärbter Iris. Nachgewiesenermaßen haben rotäugige Tiere auch eine geringere Sehschärfe. Wahrscheinlich wirkt das leichte Pendeln des Kopfes beim Anvisieren, das jeder Ratten-, Mäuse- und Rennmaushalter bei seinen „Rotaugen" gelegentlich beobachten kann, diesem Mangel entgegen.

Dem Albinismus liegen so genannte Mutationen (spontane Veränderungen) des Erbmaterials zugrunde. Das heißt, dass in einem Wurf neben ausgefärbten Tieren plötzlich auch ein Albino auftreten kann. Paart sich ein solches Tier mit einem anderen ebenfalls albinotischen Tier, dann werden die Nachkommen mit Sicherheit wieder Albinos sein. Ist nur ein Elternteil von der Pigmentlosigkeit betroffen, sind die Gene für die Ausprägung des Albinismus bei den Nachkommen zwar rezessiv (= untergeordnet)

Eine ausgewachsene Albinoratte neben einem wildfarbenen Jungtier.

im Erbgut vorhanden, werden durch die starken (= dominanten) Anlagen für die Ausbildung von Farbpigmenten des anderen Elternteils jedoch überdeckt. Treffen dann zwei Paarungspartner aufeinander, die beide solche überdeckten Erbanlagen in sich tragen, können in ihrem Wurf neben gefärbten Tieren auch wieder Weißlinge auftreten.

Nicht nur weiße Nager mit roten Augen können durch Veränderungen im Erbgut spontan entstehen, sondern auch zahlreiche andere von der jeweiligen Wildfarbe („Agouti") abweichende Ausfärbungen wie beispielsweise Schwärzlinge oder Tiere mit rein weißem Fell, aber dunkel pigmentierter Iris. Da auch diese Farbausprägungen rezessiv vererbt werden, können sie sich in der Regel nicht gegen die Wildfarbe durchsetzen. Werden sie jedoch vom Menschen durch gezielte Züchtung gefördert, können sogar besonders schöne Farbvarianten erzielt und auch erhalten werden.

Solange bei diesen Farbzüchtungs-Experimenten die Gesundheit der Tiere nicht auf der Strecke bleibt, ist dagegen eigentlich nichts einzuwenden. Dennoch sollte man bedenken, dass die blassrosa bis dunkelrot erscheinenden Augen der hübschen silbergrauen oder cremefarbenen Nager genauso wie die roten Augen der Albinos sehr lichtempfindlich sind und nur über eine äußerst geringe Sehschärfe verfügen, sodass auch diese Tiere durch gelegentliches Kopfpendeln auffallen.

Herkunft, Lebensweise und Verbreitung

Wanderratten und Hausratten

Bei uns in Mitteleuropa kann man zwei Ratten-Arten unterscheiden: die Hausratte (*Rattus rattus*) und die Wanderratte (*Rattus norvegicus*).

Die fast ausschließlich nachtaktiven, kleineren und schlanken, meist sehr dunkel gefärbten Hausratten (im Englischen: black rat) lebten in ihren ursprünglichen Verbreitungsgebieten in Kleinasien zunächst als Baumbewohner. Diese Lebensweise brachte ihnen auch die Bezeichnung „Baumratten“ ein.

Bereits im 13. Jahrhundert breiteten sie sich über ganz Asien bis nach Westeuropa und Nordamerika aus und nutzten als wärme- und trockenheitliebende Tiere und im Gefolge des Menschen nun

Deutlich sind die verschließbaren Nasenlöcher zu erkennen.

auch andere Lebensräume wie beispielsweise Tierställe, Dachspeicher oder Heuböden.

Mit ihren großen, fast nackten Ohrmuscheln und ihren besonders langen Schwänzen sind die Hausratten gut von den kompakten graubraunen Wanderratten (im Englischen: brown rat), die ebenfalls aus dem asiatischen Raum stammen, aber vermutlich viel später, wahrscheinlich erst zu Anfang des 18. Jahrhunderts in Europa heimisch wurden, zu unterscheiden.

Obwohl Wanderratten in ihren Ursprungsgebieten auch heute noch hauptsächlich in den weit verzweigten Gangsystemen ihrer Erdbaue leben, sind sie doch sehr gewandte Kletterer, die wie die Hausratten keine Mühe hatten, über Taue und Seile an Bord von Schiffen zu gelangen, und sich so als „blinde Passagiere“ von Kontinent zu Kontinent verbreiteten.

Anders als die Hausratten halten sich Wanderratten gerne in der Nähe von Gewässern auf. Sie schwimmen perfekt, ja selbst tauchen können sie sehr gut. Unter Wasser sind sie sogar in der Lage, ihre relativ großen, seitlich am Nasenspiegel liegenden Nasenlöcher dicht zu verschließen. Auch ihre Jungen können bereits in der zweiten Lebenswoche recht ausdauernd und zügig schwimmen. Kein Wunder also, dass diese nässeliebenden Tiere mancherorts auch „Wasserratten“ genannt werden.

In unserer Zivilisation können Wanderratten weitaus seltener ihre Baue auf feuchten Wiesen oder Äckern anlegen, sondern müssen nun z. B. auf feuchte Keller und unterirdische Lagerräume ausweichen. Dank ihrer geringen Spezialisierung an einen fest umschriebenen Lebensraum kommen die anpassungsfähigen Nager sogar in der Kanalisation gut zurecht. Mit charakteristischen Seihbewegungen ihrer Vorderpfötchen fischen sie selbst dort noch Fressbares aus dem Abwasser. Auch unsere Müllhalden sind für Wanderratten, die weniger auf pflanzliche Kost spezialisiert sind als die Hausratten, ein bevorzugter Aufenthaltsort geworden. Sogar tagsüber huschen sie dort von einer Deckung zur anderen.

Wahrscheinlich ist es gerade diese Vielseitigkeit und ihre ausgeprägte Fähigkeit, sich dem menschlichen Umfeld anzupassen (und daraus noch Vorteile zu ziehen), die den Wanderratten ihren fast weltweiten Siegeszug ermöglichten. Ihr ausgeprägtes Erkundungsverhalten und ihre enorme Neugierde, mit der sie auf unbe-

Geschickt hält die Ratte ihr Futter mit den Vorderpfötchen fest.

Sechs Wochen alte agoutifarbene Heimtiermaus.

kannte Umweltfaktoren zugehen, hatten sicher ebenfalls ganz entscheidende Selektionsvorteile.

Die sehr kletter- und sprungbegabten Hausratten dagegen haben sich weniger verschiedenartige Lebensräume erobert und werden, da sie stark auf trockene Wärme, wie sie beispielsweise in Gebäuden herrscht, angewiesen sind, von den Modernisierungsmaßnahmen in unseren Siedlungen gerade heutzutage wesentlich stärker beeinflusst als die Wanderratten. Auch wenn sie im Süden Europas noch zahlreich vorkommen, so finden Hausratten in Mitteleuropa nur noch selten für sie zugängliche Schuppen oder Dachböden vor und sie entdecken auch kaum mehr Rückzugsmöglichkeiten z. B. unter lockeren Fußbodendielen oder hinter losen Holzverkleidungen.

Da Wanderratten demnach kaum Lebensraum- oder Nahrungskonkurrenten für Hausratten darstellen, ist Wohnraummangel sicher der Hauptgrund für den starken Rückgang und ihre fast vollständige Ausrottung hierzulande.

Hausmäuse

Wesentlich früher noch als Haus- und Wanderratten haben sich die Hausmäuse dem Menschen angeschlossen. Man vermutet, dass dies vor ungefähr 9000 Jahren geschah, zu der Zeit also, als der Mensch vom nomadisierenden Jäger und Sammler zum sesshaften Ackerbauern wurde und damit begann, Getreide anzubauen und Vorräte zu speichern. Auf ihren unermüdlichen Erkundungsgängen gelangten die zierlichen, sehr aktiven und extrem bewegungsfreudigen Hausmäuse schnell von einem Getreidefeld zum nächsten und kletterten behende bis zum obersten Kornspeicher. Ihrer feinen Nase blieben keine neuen Nahrungsgründe verborgen. Obwohl die unmittelbare Nähe des Menschen auch Gefahren für die Mäuse mit sich brachte, überwogen doch deutlich die Vorteile, vor allem „Futter im Überfluss".

Auch die Hausmäuse sind in den Steppenlandschaften Asiens beheimatet, von wo aus sie sich über nahezu die ganze Erde verbreitet haben. In den Gebieten, in denen es die Temperaturen zulassen, leben Hausmäuse ganzjährig in selbstgegrabenen Gangsystemen im Freien. Selbst bei uns in Mitteleuropa halten sich Hausmäuse im Sommer häufig draußen auf und suchen lediglich in der kalten Jahreszeit Garagen, Schuppen, Dachböden oder auch Kellerräume auf. Dort richten sie sich in hohlem Mauerwerk oder einem alten Teppich ihr Nest ein und ziehen bei ausreichendem Futterangebot sogar Nachwuchs auf. Eine ganzjährige Jungenaufzucht ist bei unseren Hausmäusen also keine Seltenheit.

Neben ihrer Anspruchslosigkeit sind es demnach vor allem ihre extrem hohe Vermehrungsrate und ihre gute Anpassungsfähigkeit an die unterschiedlichsten Umweltbedingungen, die ihren jahrtausendelangen Erfolg bestimmten.

Mongolische Rennmäuse

Mongolische Rennmäuse sind in den Wüsten, den Steppen- und Halbsteppen-Landschaften Nordchinas und der Mongolei zu Hause. Dort leben sie in kleinen Familienverbänden in ausgedehnten unterirdischen Bauen und sind emsig damit beschäftigt, durch Graben ihre Gänge zu erweitern, Sand beiseite zu scharren, Polstermaterial für ihr Nest fein säuberlich zu zernagen oder Nahrung in Form von Wurzeln, Samen und Blättern herbeizuschaffen.

Obwohl die Lebensweise der äußerst flinken und wachsamen Mongolischen Rennmäuse weit weniger gut erforscht ist als die der Hausmäuse und Wanderratten, weiß man doch beispielsweise, dass sie ihr Revier – möglichst von einer erhöhten Stelle aus und in einer charakteristischen Pose auf den Hinterbeinen stehend – überwachen, es wie die meisten anderen Nager mit Duftmarken kennzeichnen und heftig gegen fremde Artgenossen verteidigen.

Mehr noch als die Wanderratten und Hausmäuse sind die Mongolischen Rennmäuse neben ihren nächtlichen Aktivitätsperioden auch tagsüber munter. Sie haben sich nicht nur anatomisch und physiologisch (s. u.) an die Klimabedingungen ihres Lebensraumes angepasst, sondern auch ihr Aktivitätsmuster nach den besonders in den Wüstengebieten herrschenden extremen Temperatur- und Feuchtigkeitsschwankungen ausgerichtet. So haben sie z. B. die Nahrungs- oder Nistmaterialsuche in die kühlsten Tages- bzw. wärmsten Nachtstunden verlegt.

Die beiden häufigsten Farbschläge der Mongolischen Rennmaus.

In der Fachsprache wird ein solches Muster, bei dem in ständigem Wechsel mehrere Stunden Aktivität auf Ruhe folgen, als polyphasisch bezeichnet. Diese, gerade bei den Meriones sehr deutlich hervortretende Schlaf-Wach-Rhythmik ist neben ihrem stark ausgeprägten Neugier- und Erkundungsverhalten (nicht umsonst werden sie manchmal „Wüstenratten“ genannt) ganz besonders unter dem Gesichtspunkt der Heimtierhaltung äußerst vorteilhaft. Aber dazu später mehr.

Wie die Hausmäuse, Haus- und Wanderratten so halten auch die Mongolischen Rennmäuse keinen Winterschlaf. Selbst in tiefstem Winter wurden sie schon bei Aktivitäten an der Oberfläche beobachtet.

Anpassung an ihren Lebensraum

Gebiss

Die markantesten, gemeinsamen Kennzeichen aller Nagetiere, Hasentiere *(Lagomorpha)* und auch der Meerschweinchen sind ihre meißelähnlichen, stark gebogenen Schneidezähne – auch Nagezähne genannt – sowie ihre für die Nagetätigkeit äußerst zweckmäßige gespaltene Oberlippe. Diese besondere Anpassung kommt übrigens dadurch zustande, dass sich die behaarte, muskulöse Haut zwischen den Schneidezähnen und den Mundwinkeln im Laufe der stammesgeschichtlichen Entwicklung der Tiere nach innen umgeschlagen hat.

Anders als beispielsweise bei den Wildkaninchen und den Feldhasen, bei denen die Nagezähne ringsum mit Zahnschmelz (Den-

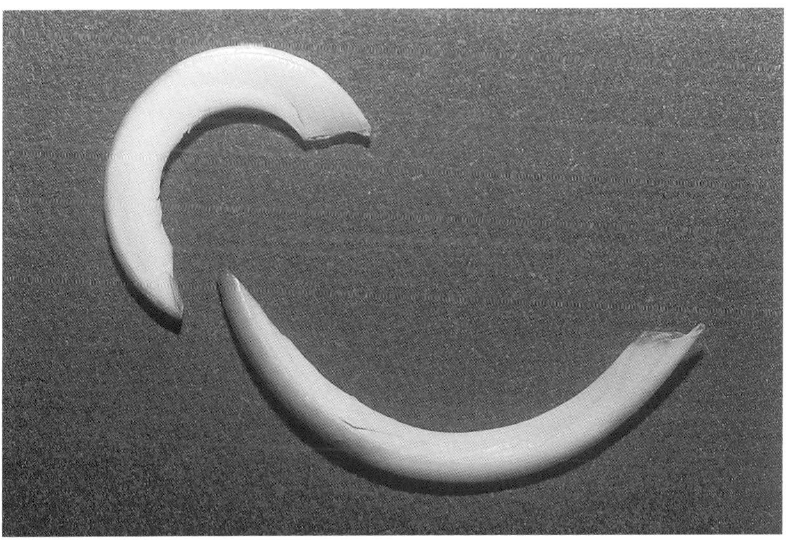

Nagezähne des Ober- und Unterkiefers mit deutlich erkennbaren Dentin-Auflagerungen an den Außenseiten (Laborratte).

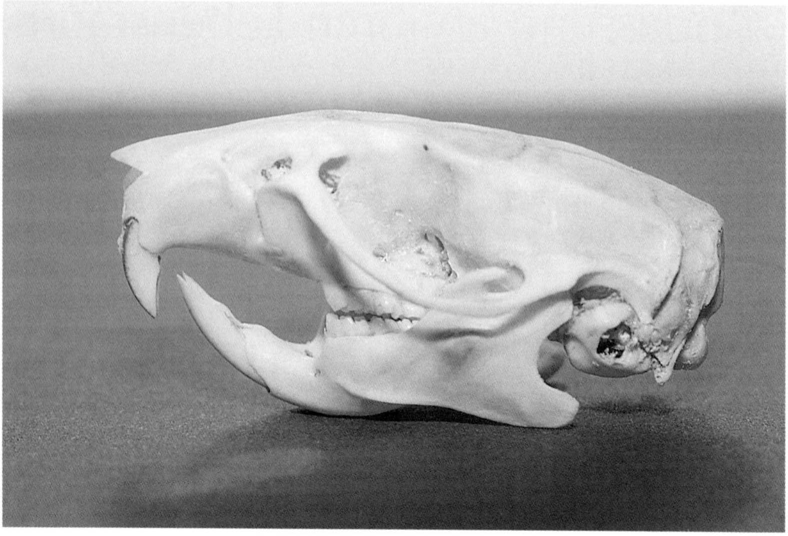

Präparierter Schädel einer erwachsenen Laborratte.

tin) umgeben sind und die hinter diesen im Oberkiefer noch ein Paar so genannte Stiftzähne besitzen, ist bei den Nagetieren, also auch den Ratten, Mäusen und Rennmäusen, nur auf der Vorderkante der Schneidezähne sehr hartes Dentin aufgelagert. An der Innenseite sind die Nagezähne demnach wesentlich weicher als auf der Außenseite mit der Folge, dass sie sich dort rascher abschleifen und sozusagen ganz von selbst schärfen.

Außerdem sind die mit ihrer Basis sehr tief im Kiefer verankerten Nagezähne wurzellos, sodass sie ununterbrochen nachwachsen können. Ein ideales Werkzeug also für die Eroberung von Lebensräumen mit härtesten Futter- und Nistmaterial-Ressourcen. Bei den Meerschweinchen sind übrigens nicht nur die Schneide- sondern auch die zum Zermahlen der Nahrung eingesetzten Backenzähne wurzellos und somit zu ständigem Wachstum befähigt.

Das Dauerwachstum der Zähne ist auch ein sehr wichtiger Aspekt für die Nahrungszusammensetzung bei der Heimtierhaltung. Bei falscher Ernährung mit beispielsweise zu viel Weichfutter und zu wenig Nagemöglichkeiten an hartem Holz, Pappe, Hundekuchen u. Ä. können sich die Zähne nur ungenügend abnutzen und werden dann überlang. Im schlimmsten Fall macht das den Tieren eine weitere Nahrungsaufnahme unmöglich.

Bei der Betrachtung des Rattenschädels fällt auf, dass zwischen den Schneide- und den Backenzähnen sowohl im Ober- als auch im Unterkiefer eine große Lücke, das so genannte Diastema, klafft. Demnach besitzen die Tiere in jeder Ober- und Unterkieferhälfte je einen Schneide- und drei Backenzähne, insgesamt also 16 Zähne. Ihnen fehlen jedoch Eck- und Vorbackenzähne. Die Zahnformel lautet bei der Ratte, ebenso wie bei Maus und Rennmaus:

$$\frac{1003}{1003}$$

Zudem sind die Tiere monophyodont, d. h., sie besitzen keine Milchzähne und machen deshalb auch keinen Zahnwechsel durch.

Extremitäten

Wie alle im Erdboden wühlenden und grabenden Säuger haben auch die hier behandelten Nager im Verhältnis zu ihrem Körper recht kurze Gliedmaßen. Nur bei den Mongolischen Rennmäusen sind die kräftigen Hinterbeine etwas verlängert, was sie auch als sehr gute Springer ausweist.

Alle besitzen einen langen Schwanz, der ihnen beim Springen als eine Art Balancierstange, beim Sitzen als Stütze und insbesondere den Hausmäusen und Ratten beim Klettern als Steighilfe oder zum Festhalten dient. Bei Ratten und Mäusen ist er entgegen landläufiger Meinung nicht nackt, sondern mit zahlreichen kleinen, dachziegelartig übereinander liegenden Schuppenringen bedeckt und schwach behaart.

Bei den Meriones dagegen ist der Schwanz dicht behaart und an der Spitze meist mit einer kleinen Quaste versehen. Die dichte Behaarung dient u. a. als Schutz vor zu starker Wärmeabgabe in den kalten Wüstennächten bzw. vor zu großem Feuchtigkeitsverlust bei Tage. Wohl ebenfalls als Anpassung an ihren Lebensraum sind die Mongolischen Rennmäuse anders als Wanderratten und Hausmäuse auch an den Sohlen der Hinterfüße leicht behaart.

Unverkennbar: ein „krallen-bewehrter Krieger".

Da ihre Daumen zu einem winzigen Stummel rückgebildet sind, haben alle Nager an den Vorderfüßen nur vier, an den Hinterfüßen dagegen fünf mit Krallen ausgestattete Zehen. Diesen Zehenkrallen, die bei den Meriones sehr dunkel gefärbt und auffallend glänzend sind, verdanken die kleinen Wüstenbewohner übrigens ihren wissenschaftlichen Namen: *Meriones* (griech.: Krieger) *unguiculatus* (lat.: mit Krallen), also die „mit Krallen bewehrten Krieger".

Vorder- wie Hintergliedmaßen sind besonders bei Ratten und Mäusen sehr gelenkig, sodass die Tiere ihre Füße fast vollständig nach hinten drehen können. Das ermöglicht ihnen ein gefahrloses Abwärtsklettern an nahezu senkrechten Wänden.

Aber auch senkrecht nach oben können Ratten, Mäuse und Mongolische Rennmäuse klettern, beispielsweise in Spalten oder einem engen Drainagerohr, indem sie die Hinterbeine immer wieder kräftig abstemmen und so ihren geschmeidigen Körper nach oben drücken. Gerade Hausmäuse machen bei ihren Kletterübungen nicht selten regelrechte Klimmzüge.

Außerdem sind die wendigen Nager in der Lage, mit ihren sehr beweglichen Vorderpfoten kleinste Futterbröckchen geschickt zu greifen und festzuhalten, während sie mit den Hinterfüßen auf einem schmalen Steg oder einem Seil balancierend Halt finden.

	Wanderratte	**Hausmaus**	**Mongolische Rennmaus**
Körpergewicht	250–450 g	15–30 g	70–110 g
Körperlänge	20–26 cm	8–11 cm	10–13 cm
Schwanzlänge	18–22 cm	7,5–10 cm	9,5–11 cm
Schwanz	spärlich behaart	spärlich behaart	dicht behaart, mit kleiner Quaste
Kopfform	relativ lang, zur Schnauze hin stumpfer auslaufend	relativ lang, zur Schnauze etwas spitzer zulaufend	kurz, breit, stumpfe Schnauze
Ohren	relativ klein, spärlich behaart	groß, sehr spärlich behaart	klein, behaart

Tabelle 2: Körpermerkmale von Ratten, Mäusen und Rennmäusen.

Eine Besonderheit und ebenfalls als Anpassung an ihr Umfeld – in diesem Fall an ihre Fressfeinde – zu werten, ist der Aufbau ihrer Schwanzhaut. Versucht man Mäuse, Ratten oder Mongolische

Rennmäuse im Bereich der Schwanzspitze kräftig zu packen, so löst sich die gesamte Haut ihres Schwanzes ab und zurück bleibt die ungeschützte, wenig bemuskelte Schwanzwirbelsäule. Für ein wild lebendes Tier kann dieser Schutzmechanismus lebensrettend sein. Bei einem als Heimtier gehaltenen Nager muss ein Abreißen der Schwanzhaut natürlich unbedingt vermieden werden. Daher sollte man seine Tiere niemals am Schwanz fassen, sondern sie stets mit einer Hand unter dem Bauch und mit der anderen Hand schützend über den Rücken greifend hochnehmen.

Anders als bisweilen behauptet, besitzen auch Ratten ein gut ausgeprägtes Schlüsselbein (Clavicula), welches sie aber nicht daran hindert, sich durch die engsten Spalten hindurchzuquetschen. Ein sehr auffälliges Merkmal speziell bei den Wanderratten ist die starke Krümmung ihrer Wirbelsäule (Kyphose) und die daraus resultierende Möglichkeit zu einer sehr charakteristischen „spring-hüpfenden" Fortbewegungsweise.

Charakteristisch auch für unsere Heimtierratten: die Wirbelsäulen-Krümmung (Kyphose).

Haarkleid

Das Fell von Ratten, Mäusen und Rennmäusen besteht aus feinem, wolligem Unterhaar und steiferen, längeren Grannenhaaren.

Die Fellfarbe wild lebender Wanderratten ist, wie bereits erwähnt, graubraun, die der Hausmäuse bleigrau. Diese graue Tarnfärbung kann bei älteren Tieren und als Anpassung an die Umgebungstemperatur, also auch ohne züchterischen Einfluss, etwas variieren. So ist das Fell z. B. umso heller, je höher die Temperatur bzw. je älter das Tier ist.

Ideal getarnt auf dem sandfarbenen Wüstenboden sind die Meriones mit ihrem bräunlich melierten Haarkleid. Auch bei ihnen kann die Fellfärbung in Abhängigkeit des jeweiligen Aufenthaltsbereiches innerhalb ihres Lebensraumes (Habitat) von einem gräulichen bis fast rötlichen Braun auf der Oberseite bzw. einem mehr oder weniger intensiven Cremeton auf der Bauchseite variieren.

Anders als Wanderratten und Hausmäuse, die üblicherweise rasch und häufig auch im Schutz von Mauern oder Wänden von einer Deckung zur anderen huschen, bewegen sich die Mongolischen Rennmäuse, denen in ihrem Lebensraum kaum Vegetation o. Ä. als Deckung zur Verfügung steht, eher ruckartig und verharren dazwischen immer wieder völlig bewegungslos. Nicht selten zeigen sie dabei ihre gesteigerte Aufmerksamkeit durch das für sie so typische „Männchen-Machen“. Kurzzeitige Regungslosigkeit kann demnach die Tarnwirkung des Haarkleides noch unterstützen. Außerdem soll diese Art der Fortbewegung nach neueren Erkenntnissen ihre Orientierung im Raum verbessern helfen.

Das Fell der Mongolischen Rennmäuse erscheint im Gegensatz zu dem eher matt wirkenden Haarkleid von Ratten und Mäusen meist ölig-glänzend. Der Grund dafür ist das fett- und pigmenthaltige Sekret der beiden, in die inneren Augenwinkel mündenden Harder'schen Drüsen. Das Sekret tritt sowohl über die Tränenflüssigkeit als auch durch die Nasenlöcher nach außen und wird von den Tieren bei der Körperpflege in ihrem Haarkleid verteilt. Es gibt sogar deutliche Hinweise darauf, dass dieses Sekret Sonnenstrahlen gut absorbieren kann und deshalb zur Regulation der Körpertemperatur bei Kälte vermehrt auf das Fell aufgebracht

Eine Mongolische Rennmaus beim „Männchen-Machen".

Auch so kann man sich warm halten: zwei Heimtiermäuse in ihrem Unterschlupf.

und bei hoher Sonneneinstrahlung, sozusagen zum Abkühlen, durch ausgiebiges Sandbaden (s. u.) wieder entfernt wird.

Ratten und Mäuse besitzen ebenfalls derartige Drüsen im Augenbereich. Bei ihnen scheint das Sekret aber wahrscheinlich nur die ursprüngliche Aufgabe, nämlich Augäpfel und Lider geschmeidig zu halten, zu erfüllen. Tritt bei ihnen verstärkte Sekretbildung ein, ist das normalerweise ein sicherer Hinweis auf Stresssituationen oder Erkrankungen (siehe „Blutnase“).

Außer durch solche, den Wärmehaushalt regulierenden Verhaltensweisen können sich Ratten, Mäuse und Rennmäuse natürlich auch durch Fellsträuben, Einrollen oder Aneinanderkuscheln in ihren Bauen gegenseitig wärmen bzw. sich durch Wärmeabgabe über ihre Körperoberfläche Kühlung verschaffen.

Echte Schweißdrüsen, die zur Regulation der Körpertemperatur eingesetzt werden könnten, besitzen insbesondere die wüstenbewohnenden Säuger kaum.

Der lange, wenig behaarte Schwanz der Ratten und Mäuse spielt nicht nur eine große Rolle beim Balancieren und Abstützen, sondern hat auch eine wichtige Bedeutung für die Regulation des

Wärmehaushaltes. So kann z. B. überschüssige Wärme über die wenig behaarte Haut leicht abgegeben werden.

Stoffwechsel

Wasser steht Wüstenbewohnern meist nur in Form von morgendlichem Tau oder gebunden in fester Nahrung zur Verfügung. Um dennoch in derart trockenen Gebieten überleben zu können, mussten die Tiere Mechanismen der Wassereinsparung entwickeln. Außer durch Körperbau und Lebensweise haben sich die Mongolischen Rennmäuse auch durch Änderungen ihres Stoffwechsels, z. B. durch die Verminderung des Wasserverlustes aufgrund der Abgabe von Harn und Kot, an die Extrembedingungen in ihrem Lebensraum angepasst. Meriones produzieren nur kleine und hochkonzentrierte Harnmengen. Außerdem ist ihr Kot sehr trocken und hart, was insbesondere im Hinblick auf ihre Haltung als Heimtiere von großem Vorteil ist. Zudem sind sie in der Lage, Wasser in Fettzellen zu speichern.

Eine andere Anpassung an außergewöhnliche Umweltbedingungen hat man u. a. auch bei den Hausmäusen beobachtet. Sie überdauern sehr niedrige Umgebungstemperaturen und/oder extremen Nahrungsmangel in einer Art Erstarrungszustand, dem so genannten Torpor. Dabei können sie ihre Körpertemperatur kurzzeitig stark absenken (Hypothermie) um die Wärmeabgabe an die Umgebung zu reduzieren und so körpereigene Energiereserven zu schonen.

Ein bei den meisten Nagern zu beobachtendes und für manchen Zeitgenossen befremdliches Verhalten ist das Kotfressen, die so genannte Koprophagie. Dabei setzen die Tiere entweder zunächst Kotpillen auf dem Untergrund ab, um danach einige davon wieder zu verspeisen, oder sie nehmen bestimmte Kothügelchen direkt vom After weg wieder zu sich.

Was aber ist der Grund für diese Verhaltensweise? Da Nager viel pflanzliches und somit schwer verdauliches Futter aufnehmen, ihr Magen aber nicht annähernd so kompliziert und leistungsfähig gebaut ist wie der von Wiederkäuern, haben sie sich zur besseren Verdauung der Zellulose etwas anderes „einfallen“ lassen: einen langen Blinddarm, in dem die Rohfasern ihrer Nahrung durch bakterielle Einwirkung aufgeschlossen und gleichzeitig große Mengen an Vitaminen, insbesondere solche des B-Komplexes, gebildet werden.

Um sich diese Nahrungsbestandteile nutzbar zu machen und um gesund zu bleiben, müssen die Tiere also bestimmte Anteile ihres Kotes unbedingt wieder zu sich nehmen. Grund genug, unsere kleinen Nager niemals vom Fressen dieser Ausscheidungen abzuhalten.

Sinnesleistungen

Ratten, Mäuse und Rennmäuse haben ein ganz ausgezeichnetes Riech-, Hör- und Tastvermögen. Auch ihr Geschmackssinn ist sehr empfindlich, ebenso ihr Gleichgewichts- und Orientierungssinn. Nur die Sehschärfe ist nicht besonders gut.

Sehvermögen

Die großen Augen sitzen weit seitlich am Schädel und treten besonders bei den Mongolischen Rennmäusen stark hervor. Dadurch haben Ratten, Mäuse und Rennmäuse ein sehr großes Gesichtsfeld mit einen Blickwinkel von nahezu 360 Grad, also eine fast völlige „Rundumsicht". Das ist für wild lebende Tiere, die extrem viele Fressfeinde haben (noch dazu solche aus der Luft) und die außerdem nicht selten auch bei Tage unterwegs sind, von großem Vorteil.

Anders als bei uns Menschen überschneiden sich die Gesichtsfelder ihrer Augen nur in einem kleinen Bereich, was dazu führt, dass die Nager fast kein räumliches Sehvermögen besitzen und (optisch!) nur schlecht Entfernungen abschätzen können.

Da das Auflösungsvermögen ihrer Augen sehr schwach ausgeprägt ist, sehen sie nur recht unscharf (siehe auch unter „Rotaugen"). Zudem können sie ruhende im Gegensatz zu bewegten Objekten nur schwer ausmachen. Da sie aber mit den zahlreichen, stark lichtempfindlichen Sehzellen (Stäbchen) ihrer Netzhaut im Dunkeln dennoch recht gut sehen können und darüber hinaus einen exzellenten Geruchs-, Gehör- und Tastsinn besitzen, ist das wohl kaum von Nachteil für diese doch hauptsächlich dämmerungsaktiven Tiere.

Wanderratten scheinen nicht farbtüchtig zu sein (Anteil Farbrezeptoren: 1 %), wohingegen Hausmäuse und Meriones durchaus bestimmte Farben wahrzunehmen vermögen. Obwohl auch bei

Nager sind typische „Nasentiere". Hier eine weiß-agouti-gescheckte Heimtiermaus.

ihnen die für ein Farbensehen verantwortlichen Lichtrezeptoren (Zapfen) in der Retina nicht sehr zahlreich vorhanden sind, wird bei den Hausmäusen Farbtüchtigkeit im Gelb-Rot-Spektralbereich und bei den Meriones ein Grün-Blau-Farbensehen (Anteil Farbrezeptoren: 14–20%) angenommen. Nach neuesten Untersuchungen sind Mongolische Rennmäuse, Hausmäuse und Wanderratten sogar in der Lage, bestimmte Spektralbereiche ultravioletten Lichtes wahrzunehmen.

Geruchssinn

Nager sind wie z. B. Hunde oder Igel so genannte Makrosmaten, also Tiere mit einem besonders gut ausgeprägten Riechvermögen. In der großflächigen Riechschleimhaut ihrer Nase befinden sich unzählige, sehr empfindliche Riechsinneszellen mit feinsten Nervenendigungen. Auch ihr Riechlappen (*Bulbus olfactorius*), die Verarbeitungszentrale für Duftinformationen im Gehirn, ist ganz hervorragend entwickelt.

Außerdem besitzen die kleinen Nager einen ebenfalls für Duftinformationen empfänglichen spezialisierten Teil in ihrer Nasenhöhle, das Jacobson'sche Organ, welches auch bei verschiedenen anderen Tierarten vorkommt und bei Schlangen mit dem „Züngeln" bzw. bei Huftieren mit dem „Flehmen" in Beziehung zu stehen scheint.

Es gibt sogar Hinweise auf sexualzyklusabhängige Schwankungen des Riechvermögens von Nager-Weibchen mit der höchsten Sensibilität bzw. Differenzierungsfähigkeit während der Brunst.

Derartige anatomische und physiologische Merkmale zeigen bereits, welche wichtige Bedeutung gerade der Geruchssinn im Leben der Nagetiere hat. Denn nicht nur bei der Futtersuche und der Unterscheidung bestimmter Nahrungsstoffe, sondern vor allem auch bei der Partnerwahl, dem Erkennen von Rudelmitgliedern oder anderen Artgenossen sowie bei der Markierung des Reviers spielt er eine ganz entscheidende Rolle.

Für ihre ausgesprochen differenzierte geruchliche Kommunikation bedienen sich die kleinen Nager zum einen ihres Kots bzw. Harns und zum anderen ihrer zahlreichen Duftdrüsen. Gerade Ratten und Mäuse benutzen bevorzugt Harn als Duftmarke und setzen überall dort, wo sie auf Erkundung gehen oder nach Nahrung suchen, Harntröpfchen auf dem Boden ab, die für ihre Artgenossen eindeutige Informationen beinhalten. Dabei sind die männlichen Tiere besonders eifrige Markierer. Die Mongolischen Rennmäuse benutzen zusätzlich das Sekret ihrer auf der Bauchunterseite befindlichen Hautdrüse (Ventraldrüse) zur Geländemarkierung. Auch bei ihnen sind es insbesondere die Männchen, die man häufig dabei beobachten kann, wie sie ihren Bauch auf den Boden, an Wurzeln, große Steine o. Ä. pressen und dabei flach

Für die Persönlichkeits- und Gruppenidentifikation ist die Analkontrolle wichtig.

ausgestreckt, reibend-schiebende Bewegungen vollführen. Ihre Ventraldrüsenfelder sind auch wesentlich größer als die der weiblichen Rennmäuse.

Hausmäuse tragen spezifische Drüsen an den Fußsohlen, mit deren Hilfe sie ihr Revier markieren und gegen Artgenossen abgrenzen. Diese Drüsen sind in einer sehr charakteristischen Weise an den Füßen angeordnet, sodass Artgenossen an deren Abdrücken nicht nur erkennen können, wer die Marke gesetzt hat, sondern auch, in welche Richtung er dabei gelaufen ist.

Geschmackssinn

Bei der Nahrungsaufnahme besitzt neben dem Geruchssinn, der die Qualität der Nahrung bereits vor ihrer Aufnahme bewertet, auch der Geschmackssinn für die Nager eine wichtige Bedeutung. Ihm obliegt sozusagen die Kontrolle im Moment der Nahrungsaufnahme.

Die Zungenoberfläche von Mäusen, Ratten und Mongolischen Rennmäusen ist sehr dicht mit kleinen, meist nur mechanisch wirkenden Papillen, das sind warzenförmige Gebilde, besetzt, die so zahlreich sind, dass sie der Zunge ein samtartiges Aussehen verleihen. Dazwischen aber stehen auffallend große Papillen, die mit den hochsensiblen Geschmacksrezeptoren, den so genannten Geschmacksknospen, ausgestattet sind.

Mit ihrem äußerst sensiblen und differenzierten Geruchs- und Geschmackssinn sind die kleinen Nager auch in der Lage, geringste geruchliche bzw. geschmackliche Veränderungen in einem Nahrungsbrocken wahrzunehmen. Dies ist sicher einer der Gründe, weshalb sie unseren Nachstellungen mit vergifteten Ködern weitgehend ungeschoren entrinnen können. Vor allem Ratten und Rennmäuse erkennen nämlich diejenigen Nahrungskomponenten, die ihnen selbst oder einem ihrer Rudelmitglieder einmal nicht gut bekommen sind, und verweigern in Zukunft jedes Futter, in welchem gerade diese Komponenten enthalten sind.

Wild lebende Wanderratten lassen beispielsweise unbekanntes Futter, welches plötzlich in ihrem Territorium auftaucht, oft wochenlang unbeachtet oder nehmen zunächst nur sehr kleine Mengen davon auf. Da sie das Verhalten ihrer Artgenossen offenbar äußerst genau beobachten können – nicht umsonst gibt es so genannte Traditionen in einem Rattenrudel –, ist es ihnen möglich, aus Verhaltens- und möglicherweise geruchlichen Veränderungen des Betroffenen (die aufgrund einer Vergiftung auftreten) Rückschlüsse auf die Genießbarkeit eines bestimmten Futters zu ziehen. Die Erkrankung oder der Tod eines Artgenossen lässt die anderen Rudelmitglieder dann von der Aufnahme dieses Futters Abstand nehmen. Aufgrund dieser Verhaltensstrategien hat man Gifte mit verzögert einsetzender Wirkung entwickelt wie z. B. die Blutgerinnungs-Hemmer oder Antikoagulantien. Bei Kontakt mit diesen Stoffen sind die Tiere dann nicht mehr in der Lage, die nach zwei bis drei Tagen einsetzende krankhafte oder tödliche Veränderung an den Artgenossen mit der Aufnahme eines spezifischen, präparierten Köders in Verbindung zu bringen. Und dennoch sind auch derartige Toxine im Einsatz gegen Ratten auf Dauer nicht besonders wirksam.

Laborratten legen übrigens ein ganz anderes Verhalten gegenüber unbekannten Futtersorten an den Tag als ihre wild lebenden Verwandten. Wenn sie die Wahl zwischen ihrem alltäglichen und einem fremden Futter haben, wählen sie das neuartig riechende und verzehren, ganz anders als die Wanderratten, gleich zu Beginn größere Mengen davon. Erst nach einigen Tagen gibt es dann keine Vorlieben mehr und beide Futtersorten werden zu gleichen Anteilen gefressen. Das ist, wie wir später noch sehen werden, nicht der einzige Unterschied im Verhalten wild lebender und seit mehreren Generationen im Labor bzw. als Heimtiere gehaltener Nager.

Gehör und Gleichgewichtssinn

Ratten, Mäuse und Meriones besitzen auch ein sehr leistungsfähiges Gehör. Gerade das Innenohr mit dem ebenfalls dort befindlichen Gleichgewichtsorgan ist äußerst komplex gebaut und besitzt wesentlich mehr Hörsinneszellen auf der Cochlea (Schnecke) als beispielsweise das menschliche Ohr. Zudem sind die dünnhäutigen Ohrmuscheln der Tiere sehr beweglich und richten sich, wenn nötig, auch unabhängig voneinander wie kleine Mikrofone nach der zu ortenden Geräuschquelle aus, um auch noch die schwächsten Schallwellen einzufangen.

Die kleinen Nager haben somit allerbeste Möglichkeiten, eine Geräuschquelle genau zu identifizieren, indem sie deren Richtung exakt bestimmen und darüber hinaus noch sehr geringe Intensitäten sowie feinste Frequenzunterschiede wahrnehmen können. Wie andere Kleinnager hören sie auch Töne bis in den Ultraschallbereich hinein. Die obere Hörgrenze der Hausmäuse liegt bei ungefähr 100 kHz, die der Wanderratten bei etwa 80 kHz und auch Mongolische Rennmäuse können Töne bis ca. 35 kHz noch sehr gut wahrnehmen.

Da sich die Nager hauptsächlich in diesem, für uns Menschen nicht wahrnehmbaren, hochfrequenten Bereich untereinander verständigen, können sie nicht nur besonders hohe Töne sehr gut hören, sondern selbstverständlich auch Ultraschalllaute aussenden. Ganz junge Meriones sollen sogar in der Lage sein, Ultraschalläußerungen von bis zu 150 kHz von sich zu geben.

Heimtiermaus bei der akustischen Ortung.

Gelegentlich können aber auch wir Menschen noch Lautäußerungen von unseren Nagern deutlich vernehmen, dann nämlich, wenn sie sich wie beim freundschaftlichen Balgen mit Fiepen, bei kleineren Rangeleien mit Quieken bzw. Keckern oder im Jungtier-Alter mit leisem Zirpen im für uns hörbaren Bereich „unterhalten".

Neben der Empfindlichkeit für Töne in extrem hohen Frequenzbereichen ist insbesondere das Gehör der Mongolischen Rennmaus auch auf die Wahrnehmung sehr tiefer Töne eingerichtet. Da niederfrequente Geräusche über wesentlich weitere Entfernungen tragen als hochfrequente, ist dies sicher eine Eigenschaft, die besonders in Wüstengebieten von Vorteil ist.

Das gute Gehör der Nager hat übrigens auch ihre Fressfeinde zu Anpassungsmechanismen gezwungen, denn nicht umsonst sind Katzenpfoten samtweich und geben keine verräterischen Geräusche von sich oder bewegen sich die Schwingen von Eulenvögeln völlig lautlos.

Das Gleichgewichtsorgan im Innenohrbereich ist bei den Ratten, Mäusen und Mongolischen Rennmäusen ebenfalls hochdifferenziert. Führen wir uns nur einmal vor Augen, wie gut die Tiere an einem dünnen Seil entlang hangeln oder wie sicher sie auf einem schwankenden Ast balancieren können. Es verwundert also nicht, dass gerade die beeindruckenden Leistungen ihres Gleichgewichts- und Orientierungssinnes derzeit Gegenstand verschiedenster wissenschaftlicher Untersuchungen sind.

Tastsinn

Tasthaare befinden sich nicht nur in großer Zahl um die Schnauze und über den Augen (sog. Vibrissen), sondern auch an den Körperseiten und den Außenseiten der Beine (sog. Leithaare). Gerade die Tasthaare am Kopf sind groß und kräftig und ihre Haarwurzeln sind von einem Geflecht hochempfindlicher Nervenfasern umsponnen. Anders als die Körperbehaarung, die z. T. erst am vierten bis sechsten Lebenstag zu wachsen beginnt, sind diese bereits von Geburt an vorhanden.

Die Tasthaare reagieren extrem empfindlich auf Berührung und ermöglichen den Ratten, Mäusen und Rennmäusen eine ausgezeichnete Orientierung im Nahbereich. Während die Tiere z. B. über einen sehr schmalen Steg balancieren, halten sie ihre langen Tasthaare leicht nach unten und lassen sie dabei am Rand des Steges entlang gleiten. Da die Vibrissen auch noch schwächste Luftbewegungen registrieren können, haben die Tiere auch die Möglichkeit, etwas weiter entfernte Hindernisse wahrzunehmen und so Entfernungen abzuschätzen. Auch an den Pfoten haben sie äußerst sensible Druckrezeptoren, die ihnen nicht nur Informationen über die Beschaffenheit des Untergrundes liefern, sondern auch ein sehr geschicktes Greifen ermöglichen.

Bei dieser Mongolischen Rennmaus sind die Vibrissen um die Schnauze und über den Augen sehr deutlich zu erkennen.

Zusammen mit den Informationen des leistungsfähigen Geruchssinnes erhalten die kleinen Nager über ihre zahlreichen berührungsempfindlichen Sensoren ein sehr detailliertes Bild ihrer Umwelt – und das sogar bei völliger Dunkelheit. Beste Voraussetzungen also, nicht nur für ein Leben in der Finsternis unter der Erde, sondern auch um die ökologische Nische „Nacht“ nutzen zu können.

Leben im Sozialverband

Soziale Verhaltensweisen

Hausmäuse, Wanderratten und Mongolische Rennmäuse leben nicht wie beispielsweise Hamster als Einzelgänger, sondern sie bilden Großfamilien, in denen sie gemeinschaftlich an fast allen Aktivitäten der Gruppe teilhaben.

Das Leben in einem Sozialverband bietet gegenüber dem Einzelgängertum viele Vorteile. Der entscheidendste ist sicher der Schutz vor Fressfeinden und fremden Artgenossen. Außerdem sind mehrere Tiere eher in der Lage, neue Nahrungsgründe oder Schlupflöcher auszukundschaften als dies ein einzelnes Individuum vermag. Und auch die Aufzucht der Jungen ist in der Großgruppe viel besser abgesichert. Man stelle sich nur vor, wie jämmerlich die von einem einzelnen Muttertier betreute Nachzucht zugrunde geht, wenn die Mutter einem Raubfeind zum Opfer fällt. Nicht zu vergessen ist schließlich die Möglichkeit des gegenseitigen Putzens an schlecht zugänglichen Stellen wie Nacken und Rücken und die Chance, sich wechselseitig zu wärmen.

Ein enges Zusammenleben vieler Gruppenmitglieder kann aber auch Konflikte auslösen und somit Nachteile mit sich bringen. Deshalb müssen die Tiere ihren Umgang miteinander nach bestimmten Regeln ausrichten. Ganz spezifische Verhaltensweisen mit den dazugehörigen Lautäußerungen dienen deshalb dem Zusammenhalt und dem Frieden innerhalb der Gruppe.

Begrüßungsgesten

Bei gemeinsam in einem Revier lebenden Nagern lassen sich immer wieder Begrüßungsrituale beobachten, bei denen sich die Tiere zunächst vorsichtig an der Schnauzenregion beschnuppern und z. T. auch belecken oder, wie bei den Mongolischen Rennmäusen häufig zu sehen, leicht anstupsen. Besonders Ratten be-

„Ob die wohl auch mit mir spielen würden?“, fragt sich diese schwarze Heimtierratte.

schnuppern dabei auch gegenseitig Fell und Afterregion sehr ausgiebig. Nach derartiger Kontaktaufnahme gehen die Tiere meist wieder ihrer Wege. Es kommt aber auch vor, dass sie nun hintereinander herlaufen, um gemeinsam auf Erkundungstour zu gehen, freundschaftlich zu rangeln, zu fressen oder sich an einem bevorzugten Platz zusammenzukuscheln.

Man kann sich bei den kleinen Nagern manchmal des Eindrucks nicht erwehren, sie suchten geradezu die gegenseitige Nähe und Berührung. Denn nicht selten fordern sie ihre Artgenossen durch Entgegenrecken eines bestimmten Körperteiles oder durch Köpfchenanlegen zum „Grooming“, also zum sozialen Lecken und Beknabbern des Felles oder zum Aneinanderkuscheln auf. Meriones und Ratten tun dies übrigens auch bei ihren menschlichen Pflegern.

Gerade in Situationen, in denen Mitglieder der Gruppe durch hektische Putzbewegungen, dem so genannten Übersprungsput-

Hingebungsvoll wird das Ratten-Weibchen (links) vom Männchen „gegroomt" – das gegenseitige Putzen ist Ausdruck großer Zuneigung.

zen, oder durch rasch aufeinanderfolgendes Abgeben mehrerer Kotpillen ihre Unsicherheit kundtun, scheinen sie sich der Gegenwart des oder der anderen beispielsweise durch häufigen Schnauzenkontakt vergewissern zu wollen.

Begrüßungszeremonien, freundliche Kontaktaufnahme und die gegenseitige Fellpflege sind demnach für harmonische Beziehungen innerhalb der Sozialgemeinschaften von Mäusen, Ratten und Meriones von großer Bedeutung. Ein ganz entscheidender Grund dafür, diese Tiere niemals einzeln und ohne Sozialkontakt zu halten!

Signale der inneren Erregung

Aber auch in Situationen, in denen es zu kleineren Rangeleien oder Streitigkeiten zwischen Sippenmitgliedern kommt, verhindern bestimmte Verhaltensrituale gewöhnlich ernstere Verletzungen. Kann das Gegenüber durch Verhaltensweisen wie Fellsträuben, steifer Gang, hoch gerichtete Schnauze, Schnauben, Fau-

Ausreichende Sozialkontakte unter Artgenossen sind für unsere Nager lebenswichtig.

„Doppeltes Rattchen“.

chen, seitliches Abdrängen o. Ä. nicht genügend eingeschüchtert werden, kommt es zum gegenseitigen Pfotenschlagen, wobei die Tiere steil auf den Hinterbeinen aufgerichtet heftig mit den Vorderpfoten ringen (Ratten) bzw. aufeinander eintrommeln (Mäuse, Rennmäuse). Dieses häufig als Boxen bezeichnete Verhalten wird so lange fortgeführt, bis sich ein Tier zurückzieht oder seine Unterwürfigkeit signalisiert, indem es die Demutshaltung einnimmt. Solche Kämpfe enden in der Regel nur dann tödlich, wenn es, wie z. B. in einem (engen) Käfig, für keinen der Kontrahenten ein Entrinnen gibt.

Obwohl die Demutsstellungen sich bei den drei hier behandelten Nagerarten deutlich voneinander unterscheiden, ist ihnen doch Eines gemeinsam: das völlig regungslose Verharren des Unterlegenen.

Mongolische Rennmäuse zeigen ihre Unterwürfigkeit dadurch an, dass sie ihren Kopf leicht seitwärts neigen, ihn dicht unter den Kopf des Überlegenen halten und dabei leise winselnd fiepen.

Bei den Mäusen richtet sich das unterlegene Tier auf die Hinterbeine auf, kippt den Kopf etwas in den Nacken, legt die Vorderpfoten dicht an den Oberkörper an und lässt einen Piepslaut hören.

Ratten nehmen als Zeichen ihrer Unterlegenheit die Seiten- oder Rückenlage ein und senden dabei häufig den für uns nicht wahrnehmbaren, im Ultraschallbereich liegenden Demutsschrei aus. Diese Lautäußerung ist übrigens nicht, wie man früher angenommen hat, angeboren, sondern muss im frühen Welpenalter erlernt werden.

Bei einem erneuten Zusammentreffen der ehemaligen Kontrahenten kann es sein, dass der Unterlegene sogleich die Demutsstellung einnimmt und so durch seine Körpersprache einer neuerlichen Auseinandersetzung aus dem Wege geht. Es kann aber auch vorkommen, dass sich die Tiere nach kurzer Rangelei und nachfolgender kleiner Verschnaufpause zu den anderen Gruppenmitgliedern begeben, um sich nun regelrecht übereinandergestapelt mit ihnen zusammenzukuscheln. Nicht zuletzt deshalb werden gerade Ratten und Mongolische Rennmäuse zu Recht als „soziale Nager mit einem Hang zur Harmonie“ bezeichnet.

Erschrickt ein Gruppenmitglied oder wittert es Gefahr, dann zeigt es dies den anderen Nagern ebenfalls durch ganz charakteristische Verhaltensweisen an. So trommeln Mongolische Rennmäuse als Ausdruck ihrer Erregung mit den Hinterpfoten auf den Boden und signalisieren ihren Artgenossen durch unterschiedliche Rhythmen und Lautstärke Grund und Ausmaß ihrer inneren Anspannung. Die dabei entstehenden dumpfen, vibrierenden Laute tragen recht weit und sind deshalb noch über größere Entfernungen gut vernehmbar. Ein sehr rasches, horizontales Schwanzwedeln ist ebenfalls ein deutliches Signal der Rennmäuse in solchen Erregungssituationen. Auch Hausmäuse trommeln, meist als Drohgeste, mit den Hinterpfoten und klopfen als Zeichen steigender Erregung mit ihrem Schwanz auf den Untergrund. Heftiges Zähnewetzen, welches gerade bei den Ratten besonders eindrucksvoll wirkt, kann ebenfalls in diesem Zusammenhang gezeigt werden.

Dass die hier beschriebenen Verhaltensweisen von uns Menschen immer nur in Verbindung mit der jeweiligen Situation, in der sie gezeigt werden, gewertet werden dürfen, ist ganz besonders wichtig. Ansonsten kann es leicht zu Fehlinterpretationen kommen und in der Folge zu Missverständnissen im Umgang mit den Tieren. Zähnewetzen beispielsweise hat viele Bedeutungen, denn es kann in Konfliktsituationen ebenso gezeigt werden wie beim Erkunden einer interessanten Umgebung oder beispielsweise beim Kraulen. Nicht selten reibt eine gemütlich auf der Schulter ihres Pflegers sitzende Ratte heftig die Zähne aneinander und signalisiert damit keineswegs Aggressionsbereitschaft, sondern vielmehr ihre große Zufriedenheit. Auch das Hinterlauf-Trommeln der Mongolischen Rennmäuse kann unterschiedliche Bedeutung haben, so z. B. Warnung der Gruppenmitglieder, Aufforderung zur Paarung vonseiten des Weibchens oder auch Erwiderung dieser Aufforderung durch das Männchen usw. Die feinen Nuancen, die die Ausprägung dieser Signale begleiten, sind für uns Menschen häufig nur mit einiger Übung festzustellen oder bleiben uns sogar gänzlich verborgen.

Konflikte im Zeichen erhöhter Gruppengröße

Selbst bei ausreichendem Nahrungsangebot ist es Ratten, Mäusen und Mongolischen Rennmäusen nur innerhalb von Gruppen mit einer bestimmten maximalen Individuenzahl möglich, friedvoll miteinander umzugehen. Andernfalls nehmen die Streitigkeiten unter den Gruppenmitgliedern zu und es kommt zu aggressiven Verhaltensweisen, bei denen nicht selten auch Tiere zu Tode kommen. Manchmal sterben diese nicht aufgrund einer ernsthaften Verletzung, sondern infolge anderer Stresssymptome. Gerade für die Heimtierhaltung ist dies ein sehr wichtiger Aspekt. Denn eine zu hohe Populationsdichte in einem Käfig, in welchem die Tiere gezwungen sind, ohne Fluchtmöglichkeiten auf engstem Raum zusammenzuleben, ist demnach genauso schädlich wie ihre Einzelhaltung.

Gruppenstruktur

Die Reviere der **Mongolischen Rennmäuse** werden hauptsächlich von den Männchen der verschiedenen Familienverbände patrouilliert und verteidigt. Wie bereits erwähnt, reiben insbesondere die Böcke mit der Bauchdrüse ihr Erkennungszeichen auf alle markanten Stellen ihres Territoriums. Anhand bestimmter Substanzen dieses Drüsensekretes ist es den Tieren nicht nur möglich, die Gruppenzugehörigkeit eines Artgenossen zu erkennen, sondern diesen auch individuell von allen anderen Rudelmitgliedern zu unterscheiden.

In ihrer mongolischen Heimat, so vermutet man, leben Rennmäuse monogam (in Einehe) und haben innerhalb ihrer maximal 15 bis 20 Mitglieder starken Gruppe, abgesehen von der „Vormachtstellung" der beiden Elterntiere, wohl keine Rangordnung ausgebildet. Nur das Mutterweibchen bekommt Junge, und zwar so lange, bis eine bestimmte Populationsdichte erreicht ist. Meistens ist das bereits nach zwei bis drei Würfen der Fall.

Dieses Prinzip der Geburtenkontrolle wird wahrscheinlich durch Duftstoffe erzielt. Bei den Rennmäusen werden die anderen Gruppenmitglieder durch bestimmte Signale der Elterntiere in ihrer sexuellen Ausreifung weitgehend gehemmt. Stirbt jedoch das Mutterweibchen, noch bevor eine bestimmte Gruppengröße erreicht ist, rückt eine der Töchter an ihre Stelle und sorgt für weiteren Nachwuchs.

Innerhalb gleichgeschlechtlicher unter Laborbedingungen gehaltener Gruppen können Meriones nach neuesten Erkenntnissen auch streng hierarchische Ordnungen mit einer linearen Abfolge der einzelnen Ränge ausprägen. Dabei markieren die einzelnen Tiere – ob Weibchen oder Männchen – umso stärker, je ranghöher sie sind. Außerdem steht sowohl ihre Körpermasse als auch die Größe ihrer Ventraldrüsenfelder in direkter Beziehung zu ihrer Rangstellung.

Auch **Wanderratten** leben in Rudeln, die meist ebenfalls aus einem einzigen Familienverband hervorgegangen sind. Anders als Mongolische Rennmäuse, gehen sie aber keine Paarbindung ein, sondern kopulieren während ihrer sechs- bis 15-stündigen Brunst mit mehreren Männchen der Gruppe. Wanderratten im Freiland tun dies übrigens ebenso wie Laborratten in einem ausreichend großen Käfig.

Während man einerseits davon ausgeht, dass es innerhalb einer Rattenkolonie wohl keine festgefügte Hierarchie oder gar lineare Rangfolge gibt, kann man andererseits immer wieder Ratten-Männchen ausmachen, die gegenüber anderen Gruppenmitgliedern (meist Böcken) ausgeprägtes Dominanzverhalten an den Tag legen. Solche Beobachtungen wiederum sprechen für die Existenz einer Rangordnung, zumindest unter den männlichen Tieren.

Wie auch immer es nun um die Rangordnung bei Wanderratten bestellt sein mag, die Tiere haben es in ihrem jahrhundertelangen Zusammenleben in der Großgruppe gelernt, einen relativ friedfertigen Umgang miteinander zu pflegen und sich zu arrangieren. Bei einer Einordnung in bestimmte Kategorien sollte man ohnehin immer bedenken, dass auch „Übergangsformen" möglich sind, die vielleicht nicht in das von uns Menschen erstellte System hineinpassen, sich in der Evolution aber durchaus als sehr erfolgreich und arterhaltend erweisen konnten.

Hausmäuse leben ebenfalls in großen Familiengruppen. Wie bei den Wanderratten und Meriones hängt auch bei ihnen die Mitgliederstärke hauptsächlich von dem zur Verfügung stehenden Nahrungsangebot ab.

Unter den männlichen Tieren herrscht, so scheint es, eine strenge Rangordnung, bei der üblicherweise ein „Ober-Bock" die anderen dominiert. Nur dieses Männchen darf die paarungswil-

Dieser junge Mäuse-Bock zeigt noch deutliche Spuren einer Auseinandersetzung.

ligen Weibchen decken, zumindest so lange, bis ihm die jungen Halbstarken die Vorrangstellung streitig machen. Schwanzklopfen und Trommeln mit den Hinterbeinen leiten dann ein solches kämpferisches Aufbegehren ein. Ist daraufhin eines der Tiere unterlegen, signalisiert es dies durch die oben beschriebene Demutshaltung.

Selten gibt es in Mäusesippen dominierende Männchen-Gruppen, deren Vormachtstellung ebenfalls durch Rangordnungskämpfe ausgetragen wird. Sind alle Böcke gleich stark, soll es auch vorkommen, dass sich keines zum Alleinherrscher entwickelt.

Unter den Weibchen von Ratten und Mäusen existiert wohl keine stark hierarchische Ordnung. Nur selten werden durch Rangeln kleinere Streitigkeiten ausgetragen. Meistens vertragen sich die Tiere sogar so gut, dass sie Gemeinschaftsnester bauen, in denen die Jungen von mehreren Weibchen gemeinschaftlich versorgt werden. Das hat, wie bereits erwähnt, den großen Vorteil, dass die Jungtiere auch dann weiterversorgt werden und heranwachsen können, wenn ein Muttertier einem Fressfeind zum Opfer gefallen ist.

Mäuse-Männchen kümmern sich übrigens nicht um ihre Nachkommenschaft. Auch Ratten-Böcke beteiligen sich kaum an der Aufzucht ihrer Jungen. Lediglich die mit ihren Weibchen in Einehe lebenden Rennmaus-Männchen betreuen recht häufig, zusammen mit dem Muttertier und dem evtl. vorhandenen älteren Nachwuchs, die Kleinen. Gegenüber Feinden allerdings verteidigen Männchen wie Weibchen ihre Nachzucht äußerst vehement. Das ist der Grund, weshalb man auch bei der Heimtierhaltung von Ratten, Mäusen oder Meriones, selbst bei sehr vertrautem Umgang mit den Tieren, den wenige Stunden bzw. Tage alten Nachwuchs niemals unbedacht anfassen oder aus dem Käfig herausnehmen sollte.

Erkennungszeichen „Gruppenduft"

Wanderratten, Hausmäuse und Mongolische Rennmäuse können, wie bereits ausführlich erläutert, ganz hervorragend riechen. Sie orientieren sich z. B. anhand von Duftstraßen, die sie mit Harn, Kot und Drüsensekreten anlegen. Das erleichtert ihnen das Wiederauffinden von Futterstellen oder Verstecken und es ermöglicht ihnen, sich auf diesen Wegen mit enormer Geschwindigkeit und ohne neuerliche, aufwändige Geländeuntersuchungen fortzubewegen.

Die Reviere ihrer Sippe grenzen die kleinen Nager mit Duftmarken gegen rudelfremde Artgenossen ab und auch innerhalb ihres Sozialverbandes sind Düfte von ganz entscheidender Bedeutung. Weibchen zeigen mit Duftsignalen ihre Paarungsbereitschaft an, bestimmte Körpergerüche von Artgenossen geben Auskunft über Art und Bekömmlichkeit einer aufgenommenen Nahrung usw.

Außerdem, und das ist ein sehr aufregendes Ergebnis einer Studie an Labormäusen und Laborratten, gehen aus Körperdüften – im untersuchten Fall waren dies bestimmte Substanzen im Harn – für andere Tiere sogar Informationen über zugrundeliegende Erbanlagen hervor. Mit anderen Worten: Ganz bestimmte Gene verleihen einem Tier einen ganz charakteristischen Geruch, seinen Eigengeruch. Solche Informationen werden darüber hinaus sogar gattungsübergreifend verstanden, denn Ratten sind beispielsweise in der Lage, derartige genetische und in der Folge geruchliche Unterschiede bei verschiedenen Mäuse-Individuen zu „erriechen“.

Diese Untersuchungsergebnisse sind weitere Hinweise darauf, dass sich Ratten wie Mäuse individuell am Geruch erkennen können.

Aufgrund der vorliegenden neuen Erkenntnisse kann man nun die These aufstellen, dass der Gruppenduft sich aus den erblich bedingten und, weil eng miteinander verwandt, sehr ähnlichen Individualgerüchen der einzelnen Tiere ergibt. Das gegenseitige Markieren mit Harnspritzern, das Über- und Untereinanderkriechen, das bei Wanderratten, Hausmäusen und Mongolischen Rennmäusen gleichermaßen beobachtet werden kann, könnte dann dem Weitergeben des eigenen Individualgeruches sowie der bereits „gesammelten“ Körperdüfte der anderen Mitglieder dienen und zu eben diesem Koloniegeruch führen. Auch das Gegenmarkieren und Sandbaden an denselben Stellen könnte diesem Zweck dienen.

Solch ein Gruppenduft kann auch wieder verschwinden, wie im Folgenden beschriebener Versuch zeigt. Setzt man nämlich ein Tier, welches für mehrere Tage aus seiner angestammten Gruppe herausgenommen wurde, wieder zur Sippe zurück, wird es gewöhnlich von den ehemaligen Gruppenmitgliedern angegriffen. Dies geschieht ganz offensichtlich deswegen, weil sich der Körpergeruch des Tieres aufgrund der fehlenden sozialen Interaktionen in der Zwischenzeit verändert hat und deshalb von den anderen nicht mehr als vertraut erkannt und der Gruppe zugehörig interpretiert wird.

Der Gruppen- und Individualgeruch ist übrigens ein unbedingt zu beachtender Faktor bei der Haltung von Mongolischen Rennmäusen, Mäusen und Ratten, insbesondere bei der Vergesellschaftung sich fremder Tiere (s. u.).

Lernen in der Gruppe

Gerade Wanderratten und Mongolische Rennmäuse lernen anhand von Vorbildern. So löst ein bestimmtes Verhalten von Rudelmitglieder nicht selten bei allen anderen Tieren Nachahmung aus. Meiden einige Tiere z. B. ein bestimmtes Futter, dann wird dieses ablehnende Verhalten von allen anderen Tieren der Sippe nachgeahmt. Wird ein Futter dagegen von einigen, vor allem den älteren Tieren im Rudel, sehr häufig gefressen, dann übernehmen insbesondere die Jungtiere dieses Verhalten und bevorzugen nun ebenfalls diese spezielle Futtersorte. Doch es gibt auch Individualisten unter den Nagern, die sich überhaupt nicht an derartige „Normen" halten!

Auch im Spiel können die kleinen Nager nachahmen und dadurch bestimmte Verhaltensweisen erlernen und trainieren. Spielen bietet zudem zahlreiche Möglichkeiten des Lernens an Erfolg und Misserfolg. Gerade diejenigen Tierarten, die sich im Erwachsenenalter an unterschiedlichste und variable Umgebungsbedingungen anpassen müssen, zeichnen sich durch ausgeprägtes Spielverhalten ihrer Jungen aus. Deutlicher als Hausmäuse zeigen Wanderratten und Mongolische Rennmäuse in früher Kindheit solche Spielperioden, in denen insbesondere die männlichen Tiere häufig miteinander rangeln. Ähnlich der Prägungsphase bei Hunden können auch die kleinen Nager nur in ganz spezifischen Lebensabschnitten bestimmte Verhaltensmuster erlernen und einüben.

Aber nicht nur im so genannten Biosozial-Spiel trainieren die kleinen Ratten und Meriones häufig, sondern auch im Solitär-Spiel, also der spielerischen Beschäftigung mit sich selbst. Vielleicht ist dies schon als Hinweis auf die höhere geistige Leistungsfähigkeit von Mongolischen Rennmäusen und Ratten zu werten, die speziell den Ratten vonseiten der Verhaltensphysiologen die treffende Bezeichnung „Geistesriese unter den Nagern" eingetragen hat.

Einfluss auf die Menschheitsgeschichte

Nahrungskonkurrenten

Zunächst waren die flinken Nager nur Kulturfolger, die aus dem Getreide- und Nutzpflanzenanbau des Menschen ihren Vorteil zogen. Nachdem man aber zur Sicherstellung der Nahrungsversorgung der immer größer werdenden Bevölkerung damit begonnen hatte, die natürlichen Lebensräume der Nager durch den Bau von Siedlungen und das Anlegen riesiger Monokulturen umzugestalten und dazu noch ihre natürlichen Fressfeinde zu vertreiben oder auszurotten, konnten sich die kleinen Anpassungskünstler explosionsartig vermehren und so zu einer ernst zu nehmenden Gefahr für die Landwirtschaft und die Gesundheit des Menschen werden.

Da Ratten wie Mäuse jährlich etwa fünf Würfe mit ungefähr zehn Jungtieren aufziehen, kann sich ihre Populationsstärke alle paar Monate verdoppeln. Obwohl z. B. eine einzelne Hausmaus nur rund 5 g Nahrung pro Tag zu sich nimmt, was einer Getreidemenge von etwa 100 Körnern entspricht, ist bei einer derart hohen Vermehrungsrate doch mit erheblichen Verlusten zu rechnen. Mehr noch als durch den Verzehr von Nahrungsmitteln sind Hausmäuse sowie Haus- und Wanderratten in der Lage, durch Zernagen von Verpackungsmaterialien und vor allem durch Verunreinigung von Getreidevorräten u. Ä. durch Kot und Harn riesige Mengen landwirtschaftlicher Produkte zu vernichten oder unbrauchbar zu machen.

Krankheitsüberträger

Die viel diskutierte Übertragung von Krankheiten durch wild lebende Ratten und Mäuse auf den Menschen und seine Haustiere ist bei hoher Populationsdichte ebenfalls ein großes Problem. Die

Getreidevorräte jeglicher Art verschmähten schon die Vorfahren unserer Heimtiernager nicht.

Typhus-, Leptospirose- und Pest-Epidemien des Altertums und Mittelalters zeugen davon.

An dieser Stelle sei bemerkt, dass es nicht die Wanderratten, also die Stammformen unserer Labor- und Heimtierratten, die erst vor ungefähr 300 Jahren in Europa heimisch wurden, sondern die Hausratten (und Hausmäuse) waren, die die verheerenden Seuchenzüge früherer Zeiten mitverursachten. Aber nicht die Hausratten selbst waren es, die z. B. die Lungenpest (Schwarzer Tod, Beulenpest) auf den Menschen übertrugen, sondern die auf ihnen parasitierenden und mit dem Bakterium *Yersinia pestis* infizierten Flöhe. Sobald diese zugestochen hatten, gingen auch die Ratten ganz jämmerlich zugrunde und die „Pestflöhe" mussten für weitere Blutmahlzeiten neue Opfer wie andere Ratten oder Menschen suchen.

Überlebenskünstler

Erst das massenhafte Auftreten von Ratten und Mäusen ist es demnach, das uns ernsthafte Probleme beschert. In kleinen Populationen hingegen und innerhalb eines natürlichen Gleichgewichtes reguliert sich die Bestandsdichte ganz von alleine.

Um Massenvermehrungen zu verhindern, müssen wir also dafür Sorge tragen, dass wichtige Fressfeinde von Mäusen und Ratten wie beispielsweise Luchs, Wildkatze, Wanderfalke, Schleiereule und Steinkauz wieder Fuß fassen können und nicht noch weiter verfolgt oder ausgerottet werden.

Nur mit Hilfe ihrer natürlichen Feinde kann die ungezügelte Vermehrung von wild lebenden Nagern verhindert und möglichen Gesundheitsgefahren begegnet werden. Denn indem sie sich unseren jahrhundertelangen und kostspieligen Bekämpfungsmaßnahmen erfolgreich widersetzen konnten, haben uns die Wanderratten, aber auch die Hausmäuse hinreichend bewiesen, dass ihrer Lern- und Anpassungsfähigkeit so einfach nicht beizukommen ist (z. B. Resistenzentwicklung und Toleranzschwellen-Erhöhung aufgrund zu niedriger Giftdosen).

Obwohl die Angst vor Nagern, namentlich den Ratten, nach wie vor grassiert und durch allseits beliebte Horrorgeschichten ständig geschürt wird, haben wir augenscheinlich nicht dazu gelernt und sind gerade heutzutage wieder dabei, den Bestand der wild lebenden Wanderratten überdurchschnittlich zu erhöhen. Denken wir nur an unsere in den letzten Jahren und hauptsächlich in den Großstädten verstärkt zu beobachtenden wilden Müllablagerungen, unsere Essensreste im WC oder die gekochten organischen Abfälle auf unserem Gartenkompost, die die vielerorts verhassten Nager magisch anziehen und mit denen wir ihnen erneut beste Ernährungsbedingungen und damit günstige Lebens- und Fortpflanzungsmöglichkeiten schaffen.

Nager-Mythen

Als Nahrungskonkurrenten, Lebensmittelschädlinge und Krankheitsüberträger werden Ratten und Mäuse schon seit altersher unerbittlich verfolgt und (mit nur geringem Erfolg) hartnäckig bekämpft. Ihre Anpassungs- und Überlebensfähigkeit, die Irenäus Eibl-Eibesfeldt auf ihre Spezialisierung auf das „Nicht-Spezialisiertsein" und ihre große Neugierde zurückführt, hat aber immer auch Bewunderung und Achtung ausgelöst. Für verabscheuungswürdig, tod- und verderbenbringend hielt man sie deshalb nicht zu jeder Zeit und an jedem Ort.

Die Volksmedizin beispielsweise schrieb ihnen sogar starke Heilkräfte zu. Getrocknet und zu Pulver zerrieben sollten Ratten und Mäuse gegen die unterschiedlichsten Erkrankungen wirken. Im alten Rom und im Mittelalter beispielsweise galten Einreibungen mit Mäuseblut bzw. Mäusekot oder der Verzehr bestimmter Körperteile der Tiere als heilsam und derartige Therapien wurden meistens auch vorbeugend gegen verschiedenste Krankheiten oder zur Abwehr von Schicksalsschlägen eingesetzt. In Asien gelten Ratten- und Mäusepräparate selbst heute noch als Medizin. Neben Pferde-, Katzen- und Hundefleisch wurden Ratten und Mäuse, auf unterschiedliche Art zubereitet, sogar als Nahrung verzehrt. Letzte Zeugnisse dafür existieren aus dem Jahre 1870 aus Paris.

Besonders die albinotischen Tiere galten als heilig, bei den Kretern und im alten Ägypten ebenso wie in China und in Japan, wo weiße Mäuse und Ratten in Tempeln gehalten, gefüttert und gepflegt sowie zu Weissagungen benutzt wurden. Verehrung genossen die Nager genauso in Indien. Auch heute noch glaubt man dort vielerorts an die Wiedergeburt als Ratte.

Die zahlreichen Mythen und Sagen über die wunderbaren Fähigkeiten und die außergewöhnliche Schläue der kleinen Nager geben Zeugnis von ihrer Wertschätzung und Verehrung. So sollen z. B. Mäuse im Krieg der Assyrer gegen die Ägypter die ledernden Teile der Kriegswaffen der Assyrer durch kräftiges Nagen unbrauchbar gemacht haben, sodass sich diese nicht mehr verteidigen konnten und fliehen mussten.

Gewitzte Kobolde: Wer möchte da schon widersprechen?

Mäusegespanne zogen oder begleiteten die Wagen der indogermanischen Gottheit Rudra und des Germanen-Gottes Wotan. Mäuse verkörperten Blitze ebenso wie die Seelen frommer und gütiger Verstorbener. Mäuse waren auch um Gerechtigkeit bemüht, so z. B., als sie den hartherzigen Bischof Hatto über den Rhein schwimmend bis zu seiner Zuflucht im Bingener Mäuseturm verfolgten und dort bei lebendigem Leibe auffraßen.

Auch in der chinesischen Mythologie sind weder Ratten noch Mäuse Ekeltiere, sondern gelten für gewöhnlich als äußerst klug und weise. In dem in Tierjahre untergliederten chinesischen Kalender tritt neben dem Affen, dem Hund und dem Schwein u. a. auch die Ratte regelmäßig auf. 1996 z. B. war ein solches „Jahr der Ratte“. Die im Zeichen der Ratte Geborenen gelten im chinesischen Horoskop als sensibel, klug und sehr vorsichtig.

In anderen Zeitzyklen im Fernen Osten, bei denen je zwölf Jahre zu einem Zyklus zusammengefasst werden, wird das erste dieser Jahre als „Maus“ bezeichnet. Und auch in Japan haben Mäuse mit der Zeitrechnung zu tun, so nennt man die Zeit zwischen 11 Uhr und 13 Uhr „Mäusestunde“.

Clevere Kobolde und gewitzte Zwerge erscheinen häufig in Ratten- oder Mäusegestalt. In Märchen, in der Literatur oder in unseren neuzeitlichen Comics treten gerade Ratten nicht selten als tapfere, schlaue, pfiffige oder listige Gesellen auf. Als einfühlsame und gefühlsbetonte Publikumslieblinge wie Micky Maus, Feivel der Mauswanderer, Frederick, Philipp oder Monti Spinnerratz – um nur einige zu nennen – haben Mäuse und Ratten auch in der Kinderliteratur Fuß gefasst und die Kino-Leinwand bzw. das Fernsehen erobert.

Leider gibt es nicht nur Anerkennung für die kleinen Nager, allzu häufig werden sie mit Verderben und Tod in Verbindung gebracht. Insbesondere Ratten werden immer wieder als Dämonen, Unglücksbringer oder rachsüchtige Ekelwesen dargestellt und sie haben bevorzugt in blutrünstigen Horrorgeschichten ihren festen Platz.

Gerade die verschiedenen Rattenfänger-Sagen wie beispielsweise die des Rattenfängers von Hameln, der mit seinen Pfeifentönen die Ratten in die Weser locken und so ertränken sollte, zeugen von der Verachtung diesen Tieren gegenüber. Dass hier, wie bei den meisten dramatischen Beschreibungen über Ratten etwas Entscheidendes nicht stimmen kann, ist offensichtlich: Ratten können nämlich vorzüglich schwimmen.

Ebenso ist es bei der viel zitierten heroischen Ratten-Begebenheit auf einem Bauernhof, bei der zwei Ratten zunächst nebeneinander her über den Hof laufen. Als die eine vom Bauer erschlagen wird, bleibt die andere wie angewurzelt stehen. Bei näherer Betrachtung entdeckt man, dass sie blind ist und einen Strohhalm in ihrem Mäulchen trägt, an welchem sie von der erschlagenen Ratte über den Hof geführt worden war. Die Tatsache, dass sich Ratten weniger optisch als vielmehr mit ihrem leistungsfähigen Geruchs-, Gehör- und Tastsinn orientieren, zeugt von der damaligen Unkenntnis über diese Tiere.

Auch die Glorifizierung derjenigen Ratten, die als Erste von einem unbekannten Köder als „selbstlose Vorkoster zum Wohle der Gemeinschaft" probieren, ist wahrscheinlich überhaupt nicht nötig, denn es gibt in einer Gruppe immer Individuen, üblicherweise jüngere und besonders unternehmungslustige Tiere, die sich weniger lange als die anderen abwartend verhalten und rascher und möglicherweise auch mehr fressen als diese. Treten bei ihnen dann unmittelbar nach der Nahrungsaufnahme Vergiftungserscheinungen auf, ist es nur logisch, dass die meisten Ratten der Sippe dies auch bemerken und nun erst recht Meideverhalten zeigen.

Im Einsatz für unsere Gesundheit

Unser gespaltenes Verhältnis den kleinen Nagern gegenüber ist noch allgegenwärtig. Vielleicht liegt darin der Grund, weshalb wir Ratten und Mäuse meistens recht unreflektiert zu Abertausenden in Laboratorien einsetzen und zu Forschungszwecken verbrauchen bzw. dieses kritiklos zulassen.

Die Verwendung von Tieren als Modelle für den menschlichen Körper ist so alt wie die Heilkunde. Bis zur Mitte des 19. Jahrhunderts wurden fast immer Haustiere, bisweilen aber auch Wildtiere als Versuchstiere eingesetzt. Mit der extremen Ausweitung der biomedizinischen Forschung und der verschiedenen tierexperi-

Albinomäuse werden schon seit langem in der medizinischen Forschung eingesetzt.

mentellen Methoden wurden zunehmend mehr Tiere als Versuchsobjekte benötigt. Was lag näher, als gerade die kleinen anspruchslosen Nager mit ihrer hohen Vermehrungsrate als Versuchstiere heranzuziehen?

Zunächst fanden vor allem Albinomäuse Verwendung, gegen Ende des 19. Jahrhunderts dann auch Albinoratten, da sie aufgrund ihrer Körpergröße für chirurgische Eingriffe und die Eingabe verschiedener Substanzen in Venen usw. noch besser geeignet waren als die zierlichen Mäuse. Die bekanntesten „Ratten-Linien" sind die albinotischen Sprague-Darley und Wistar sowie die Long-Evans Ratten mit einer sehr charakteristischen Fellzeichnung (Haubenratten).

Heutzutage werden hauptsächlich Inzuchtstämme, also genetisch exakt definierte Versuchstierpopulationen mit enger verwandtschaftlicher Beziehung (z. B. aus zahlreichen Generationen von Bruder-Schwester-Verpaarungen) für die experimentelle Arbeit eingesetzt; auf Forschungsgebieten wie der Immunologie, Transplantations- und Tumormedizin oder Gerontologie (Altersforschung) – in der sogar ihre Kurzlebigkeit noch Vorteile bietet –

ebenso wie bei psychologischen Studien mit lerntheoretischem Inhalt oder der Erforschung der Genetik von Hirnleistungs- und Gedächtnisstörungen. Dabei werden die Tiere z. T. unter Isolatorbedingungen nahezu keimfrei z. B. als spezifiziert pathogenfreie (SPF) Tiere, d. h. frei von bestimmten Krankheitserregern, aufgezogen und gehalten.

Das Prinzip „Ähnlichkeit"

Die aufgrund der engen Verwandtschaft entstehende genetische Ähnlichkeit der einzelnen Individuen hat den Vorteil, dass sich zunächst spontan aufgetretene, rezessiv vererbbare Erkrankungen (bestimmte Tumoren, Diabetes, erhöhte bzw. verminderte Anfälligkeit gegenüber spezifischen Umweltfaktoren usw.) oder beispielsweise durch Fütterung induzierte Geschwüre schneller durchsetzen und zum Zwecke der Ursachenforschung langfristig erhalten werden können. Damit gekoppelt ist natürlich eine starke Abnahme der Variabilität der einzelnen Individuen. Für ein Überleben in freier Natur wäre das fatal, nicht so im Labor. Dort kann selbst die abnehmende Fruchtbarkeit oder die verminderte Vitalität vieler Inzuchtstämme in Kauf genommen werden.

Die genaue Kenntnis der Genetik sowie die exakt vorbestimmten Aufzucht- und Haltungsbedingungen sind Voraussetzung für identische Ausgangssituationen bei den verschiedenen Versuchsreihen. Außerdem sind sie für die Reproduzierbarkeit der Versuche und für die Vergleichbarkeit der erzielten Ergebnisse unbedingt nötig. Vor kurzem ist es sogar gelungen, Labormäuse zu klonen, d. h., genetisch absolut identische Abbilder von ihnen zu schaffen. Damit wurde das Prinzip „Ähnlichkeit" jedoch auf eine unnötige Spitze getrieben. Denn bereits längere Zeit vor diesen umstrittenen Klonierungs-Experimenten kamen immer wieder Zweifel am Nutzen von Tierversuchen und vor allem an der Übertragbarkeit ihrer Ergebnisse auf den Menschen auf.

Obwohl bereits Mitte des 17. Jahrhunderts neben Albinos von Hausmäusen auch solche von Hausratten (nicht Wanderratten!) bekannt waren und diese bei rechtzeitiger und regelmäßiger freundlicher Behandlung recht zahm werden konnten, haben sie sich weder als Labor- noch als Liebhabertiere durchgesetzt.

Aufmerksam beäugt diese junge agoutifarbene Mongolische Rennmaus ihr Umfeld.

Anders die Mongolischen Rennmäuse. Seit Mitte unseres Jahrhunderts haben sie – zunächst nur agoutifarben und später, wie die Labormäuse und Laborratten in den unterschiedlichsten Farbzüchtungen – in den verschiedenen Forschungsstätten Einzug gehalten. Ja, sie sind sogar im Begriff, zu den bevorzugten Labornagern zu werden, da sie im Gegensatz zu Ratten und vor allem Mäusen wesentlich weniger Harn abgeben und deswegen nahezu geruchlos sind. Wie diese sind auch sie sehr vermehrungsfreudig, relativ anspruchslos und deshalb leicht zu halten. Außerdem werden sie wie die Laborratten und Labormäuse bei richtigem Umgang rasch zutraulich und zahm.

Vom Wildtier zum beliebten Streichel- und Schmusetier

Weiße Mäuse und Japanische Tanzmäuse

Weiße Mäuse wurden schon sehr früh, wahrscheinlich bereits um 1000 v. Chr., in Kleinasien aus Liebhaberei gehalten. Damals kannte man neben den Albinos auch verschiedene andere Farbmutanten z. B. schokoladenfarbene oder gescheckte Tiere.

Gerade unter den schwarz-weiß gefärbten Schecken traten manchmal Tiere auf, die wesentlich kleiner waren als ihre Wurfgeschwister und die sehr häufig ein weißes Abzeichen auf Brust und Rücken sowie eine weiße Blässe in der Nasengegend aufwiesen. Besonders auffällig an ihnen war ihr Verhaltensmuster, denn sie zeigten Schüttelbewegungen ihres Kopfes und hatten die Tendenz, in Kreisen zu laufen, die einen mehr, die anderen weniger stark. Man fand diese „tanzenden" Winzlinge besonders possierlich und züchtete sie gezielt.

Paarte man zwei solcher auch als (Japanische) Tanzmäuse bezeichnete Tiere, waren die Jungen nie lebensfähig. Nur wenn der eine Paarungspartner „tanzte", der andere dies aber nicht tat, erhielt man meist lebensfähigen Nachwuchs, bei dem wieder einige Tiere „tanzten".

Was man damals leider nicht wusste: Solche Tiere waren erblich schwerst geschädigt. Denn ihre Kleinheit, heute Zwergwuchs genannt, wurde durch Störungen ihrer Hirnanhangdrüse (Hypophyse) hervorgerufen, bei welcher es zu einer stark verminderten Ausschüttung von Wachstumshormonen kommt. Und ihr „Tanzen" war auf extreme Schädigungen des Innenohres zurückzuführen, welche u. a. das Gleichgewichtssystem betrafen. Je stärker die Gehirndefekte, umso ausgeprägter waren die Tanz-Symptome. Außerdem besaßen diese Tiere kaum Widerstandskraft, waren schwächlich und wenig fruchtbar.

Heute ist bekannt, dass dieses Krankheitsbild ein rezessiv vererbtes Leiden ist, welches nicht nur bei Japanischen Tanzmäusen auftritt, sondern gelegentlich auch andere Mäuse (Albinos, verschiedene Farbvarianten) oder beispielsweise Ratten befallen kann. Da sich die Erkenntnis, dass es sich bei dieser zunächst als drollig und deshalb begehrenswerten Erscheinung um eine sehr ernste Gehirnschädigung handelt, immer mehr durchsetzt und viele Nagerhalter deshalb vom Kauf betroffener Tiere Abstand nehmen, werden solche bedauernswerten Kreaturen glücklicherweise heute nur noch selten gezielt gezüchtet und im Zoohandel angeboten.

Albinoratten und Mongolische Rennmäuse

In der Geschichte der Heimtierwerdung von Ratten scheint die englische Stadt Bristol eine ganz entscheidende Rolle gespielt zu haben. Dort sollen 1822 erstmals albinotische Wanderratten eingefangen und als Liebhabertiere gehalten worden sein. In den folgenden Jahren wurden sie dann wohl ganz gezielt weitergezüchtet und man vermutet sogar, dass alle heute lebenden Labor- und Heimtierratten auf diese Tiere aus Bristol zurückgehen.

Sehr viel später als Ratten und Mäuse kamen die Mongolischen Rennmäuse in Menschenobhut. 1935 sollen in der Ostmongolei 20 Tiere eingefangen und dann auch rasch außerhalb der Mongolei erfolgreich weitergezüchtet worden sein. Wie bei den Ratten geht man auch bei den Meriones davon aus, dass alle heute gehaltenen Tiere auf einige wenige „Urahnen“ zurückgehen, nämlich auf jene ostmongolischen Wildfänge. Fast gleichzeitig mit ihrem verstärkten Einsatz in wissenschaftlichen Laboratorien erlangten die Mongolischen Rennmäuse dann zunehmend große Beliebtheit auch als Heim- und Streicheltiere.

Die Zahmsten wurden weitergezüchtet

Labortiere wurden auf Zahmheit und Zutraulichkeit selektiert (herausgezüchtet). Ihr Verhalten dem Menschen gegenüber unterschied sich bald sehr deutlich von dem ihrer wild lebenden Verwandten.

So hatten die Tiere eine deutlich geringere Neigung zu fliehen, sich gegen Berührung zu wehren oder zuzubeißen. Kämpfe ihrer erwachsenen Männchen waren weniger heftig und auch gegenüber fremden Artgenossen verhielten sie sich wesentlich friedfertiger. Außerdem zeigten die kleinen Nager kaum mehr Scheu vor ungewöhnlichen Objekten oder unbekannten Futtermitteln. Dies alles erleichterte ihre Haltung und ihre Verwendung als Versuchstiere, prädestinierte sie aber auch für die Heimtierhaltung.

Gerade beim Erkunden ihres Lebensraumes verhalten sich die gezielt gezüchteten Tiere viel entspannter als die Wildformen. Sie nehmen sogar, wie beispielsweise die Ratten und Mongolischen Rennmäuse, von sich aus Kontakt mit dem Menschen auf und werden dabei umso zutraulicher, je ausgiebiger man sich mit ihnen beschäftigt.

Aufgrund ihrer geringeren geistigen Leistungsfähigkeit können Mäuse anders als die intelligenten Mongolischen Rennmäuse und Ratten keine persönliche Beziehung zu ihrem Pfleger aufbauen. Sie sind aber noch wesentlich bewegungsfreudiger als diese, außerdem äußerst gewandt und kletterbegeistert. Ihr munteres Treiben in einem geräumigen und reichhaltig ausgestatteten Käfig oder z. B. auf einem so genannten „Abenteuer-Spielplatz" (s. u.) zu beobachten, ist deshalb ebenfalls eine wunderbare Ablenkung vom Stress des Tages.

Fancy-pets

Im Zusammenhang mit der Erforschung der Biologie und des komplexen Sozialverhaltens sowohl der Wild als auch der Zuchtformen von Mäusen, Ratten und Rennmäusen hielten die Zuchtformen bald auch Einzug in einige Privatheime. Ihrer possierlichen Erscheinung und ihren freundlichen Knopfaugen ist sicherlich auch mancher Naturwissenschaftler erlegen und hat den einen oder anderen Nager in seiner Laborkitteltasche mit nach Hause genommen, um ihm so das Schicksal des Einsatzes in einem wissenschaftlichen Versuch oder des Verfüttertwerdens an andere Versuchstiere zu ersparen.

Beim Erkunden der Umgebung hat diese Ratte ein gemütliches Plätzchen gefunden.

Vor allem in Großbritannien und in den USA haben sich Mäuse, Rennmäuse und Ratten bereits seit längerer Zeit als beliebte Heimtiere etabliert. Dort werden sie in allen nur denkbaren Farb- und Fellvarianten gezüchtet: z. B. in Schwarz, Zimtfarben, Blaugrau, Cremefarben, sowohl einfarbig als auch mit den interessantesten Fellzeichnungen wie z. B. die beliebte Husky-Färbung.

Es gibt sogar „gelockte" Nager wie die Rex-Ratten, solche mit Stummelschwanz oder extrem langem Fell (z. B. Langhaarmäuse) sowie völlig felllose Tiere. Es fragt sich allerdings, ob man auf derartige Extrem-Züchtungen nicht besser verzichten sollte. Die Japanischen Tanzmäuse sollten uns eigentlich Warnung genug sein.

Dass nahezu in jeder größeren Stadt der Welt mindestens einmal im Jahr eine Hunde- oder Katzenausstellung veranstaltet wird, ist allseits bekannt. Dass es aber auch große Ratten-, Mäuse- und Rennmaus-Ausstellungen gibt, möchte man fast nicht glauben. Aber es gibt sie, insbesondere in den angelsächsischen Ländern. Dort existieren Standards für die verschiedenen Farbschläge, Fellzeichnungen usw. und die Tiere werden nach einem streng festgelegten

Für diese Ratte mit Husky-Zeichnung ist das musikalische Trimmgerät eine willkommene Abwechslung beim täglichen Freilauf.

Punktesystem beurteilt. Gewertet werden außer Schönheit (Fell, Augen, Ohren, Nase, Schwanz, Körperform, Körpergröße usw.) auch Temperament und allgemeiner Zustand der kleinen Nager.

Fanclubs

Weltweit wurden bereits zahlreiche Ratten-, Mäuse- und Rennmaus-Fanclubs ins Leben gerufen und ihre Mitgliederzahlen stei-

Ob in der Puppenküche auch etwas Leckeres zu finden ist?

gen stetig. Diese Vereine sind z. T. in Dachverbänden organisiert, z. B. dem „National Mouse Club“ (NMC), der „National Fancy Rat Society“ (NFRS) sowie der „National Gerbil Society“ (NGS) jeweils in Großbritannien, dem RMCA (Rat and Mouse Club of America) in den Vereinigten Staaten oder dem VdRD, dem „Verein der Rattenliebhaber und -züchter in Deutschland“ mit seinen zahlreichen Regionalgruppen.

Neben dem Aufbau einer soliden Zuchtbasis, dem Tierschutz und der Vermittlung von Notfall-Tieren ist dem VdRD die Förderung der gesellschaftlichen Akzeptanz sowohl der kleinen Nager als auch ihrer Halterinnen und Halter ein ganz besonderes Anliegen.

Denn gerade die Antwort: „Ratten“ auf die Frage, welches Haustier man denn halte, löst auch heute fast immer noch ein entsetztes „Igitt“ oder betretenes Schweigen und Abwenden vom Befragten aus.

Mäuse- und Rattenhaltung wird gerade hierzulande leider sehr oft mit Unsauberkeit in Zusammenhang gebracht (und diese Vokabel wird dann nur allzu leicht auch auf die Tierbesitzer selbst übertragen). Dabei sind sowohl Rennmäuse als auch Ratten und Mäuse äußerst reinliche Tiere, die sich häufig und sehr ausgiebig putzen. Außerdem lässt ein regelmäßig gesäuberter und gepflegter Käfig keine Geruchsbelästigung befürchten. Und ganz anders als bisweilen behauptet, gehen von diesen kleinen Heimtiernagern auch ebenso wenig Gesundheitsgefährdungen für uns Menschen aus als z. B. von Katzen oder Hunden. Da unsere Heimtiernager für gewöhnlich nicht wie diese draußen „Freigang" haben, ist es im Gegenteil sogar eher wahrscheinlich, dass wir die kleinen „Knopfaugen" mit Keimen infizieren als umgekehrt.

Selbst bei einer nachgewiesenen Tierhaar-Allergie können geeignete Vorkehrungsmaßnahmen helfen (nach dem Streicheln sofort die Hände waschen, die Nager nicht auf der nackten Haut herumturnen lassen, das Nagerheim nicht im Schlafzimmer aufstellen usw.), die Beschwerden möglichst gering zu halten, um z. B. betroffenen Kindern dennoch den positiven Einfluss des Umgangs mit diesen Tieren auf ihre Entwicklung zu ermöglichen. Von daher spricht also alles dafür, sich selbst oder seinen Kindern den Wunsch nach diesen neugierigen und zutraulichen Hausgenossen zu erfüllen.

Lediglich während einer Schwangerschaft ist von der Anschaffung neuer Haustiere, seien dies nun Hunde, Katzen, Vögel oder Nager, eher abzuraten. Denn sehr selten beherbergen Haustiere Krankheitserreger, die dem ungeborenen Menschenkind schaden können, kommt die werdende Mutter erstmals während ihrer Schwangerschaft mit diesen Erregern in Kontakt. Von bereits vor Beginn der Schwangerschaft im Haushalt lebenden Tieren geht freilich keine Gefahr mehr für den Fötus aus.

Überlegungen und Fragen vor der Anschaffung

Ratten, Mäuse oder Rennmäuse?

Vorab sollten Sie sich unbedingt fragen, was Sie von Ihren neuen Heimtieren erwarten und welche Eigenschaften und Verhaltensweisen Sie an den kleinen „Knopfaugen“ am meisten schätzen.

Überlegen Sie sich außerdem gründlich, ob Sie Ihren neuen Hausgenossen mehrere Stunden Freilauf in einem nagersicheren Zimmer gewähren können und ob Sie notfalls in der Lage sind, ein geräumiges Nagerheim selbst zusammenzubauen.

Vielleicht sind Sie ja vom geselligen Spiel einer größeren Nagergruppe ganz besonders begeistert. Oder ziehen Sie es vor, die kleinen Schnüffelnasen in einer Kleingruppe bzw. paarweise zu halten?

Denken Sie auch darüber nach, wie wichtig Ihnen der persönliche Kontakt zu Ihren neuen Hausgenossen ist, denn nicht alle Nagerarten sind dem Menschen gleichermaßen eng verbunden. Finden Sie Gefallen an sehr kleinen grazilen Tierchen oder eher an größeren kompakten? Möchten Sie mit ihnen schmusen oder wollen Sie sich lieber damit begnügen, die kleinen Pelzkügelchen zu streicheln? Und ist es Ihr eigener Wunsch, Nager zu halten, oder ist vorgesehen, Ihren Kindern die hauptsächliche Betreuung und Pflege zu ermöglichen?

Fällt Ihnen die Entscheidung für die eine oder andere Nagerart jetzt noch recht schwer, dann lesen Sie das nachfolgende Kapitel, bevor Sie endgültig wählen. Dass es sehr vielen Nagerfans ebenso ergeht und manchmal überhaupt nicht möglich ist, sich für eine ganz bestimmte Tierart zu entscheiden, wird schon an der großen Zahl derer deutlich, die gleichzeitig mindestens zwei der hier vorgestellten Nagerarten halten.

Hochsoziale Lebewesen nicht einzeln halten!

Es ist schon längere Zeit bekannt, dass die kleinen sozialen Nager nicht allein und ohne mindestens einen Artgenossen gehalten werden dürfen. Einzelhaltung bedeutet für eine Heimtierratte ebenso wie für eine Mongolische Rennmaus oder Heimtiermaus ganz enormen Stress. Dieser kann nachgewiesenermaßen zu negativen Verhaltensveränderungen (z. B. Aggressivität, erheblich verminderter Aktivität) und zu starken gesundheitlichen Beeinträchtigungen (z. B. Hautproblemen, Nierenerkrankungen), ja sogar zum Tod der Tiere führen. Auch intensive menschliche Zuwendung und Betreuung ist für diese Nager offensichtlich kein ausreichender Ersatz für den tierischen Partner.

Außerdem spricht noch ein sehr wichtiger Grund für die Gruppenhaltung der Tiere: Wir selbst haben wesentlich mehr zu beobachten, da die kleinen Heimtiere die gesamte Palette sozialer Verhaltensweisen vom gemeinsamen Spiel bis zum gegenseitigen Groomen ausleben können.

Gruppenzusammensetzung

Da von Einzelhaltung also dringend abgeraten werden muss, die Tiere aber auch nicht einfach willkürlich und in jeder beliebigen Lebensphase in einem Käfig zusammengeführt werden können, sollte man die Gruppenzusammensetzung bereits vor dem Kauf genauestens planen.

Meistens lassen es die räumlichen Verhältnisse nicht zu, sehr große Familienverbände zu halten, und somit kommt, zumindest bei Ratten und Mäusen, eine gemischtgeschlechtliche Haltung auch nicht in Frage. Bei den Mongolischen Rennmäusen funktionieren die Strategien zur Vermeidung von Überpopulationen auch in Gefangenschaft meistens noch recht gut, sodass ein Pärchen dann lediglich zwei bis drei Würfe hervorbringt. Dennoch ist wie bei Ratten und Mäusen auch bei Rennmäusen eher zu kleineren Gruppen mit zwei bis sechs, jeweils gleichgeschlechtlichen Tieren zu raten.

Weibchen oder Männchen?

In ihrem Temperament unterscheiden sich männliche und weibliche Rennmäuse nicht wesentlich voneinander. Beide Geschlechter sind sehr lebhaft und neugierig und benötigen deshalb dieselben Beschäftigungsmöglichkeiten. Auch wenn manchmal die Meinung vertreten wird, in Männchengruppen ginge es erheblich friedlicher zu als in Gruppen mit ausschließlich weiblichen Rennmäusen, so gibt es andererseits zahlreiche Erfahrungsberichte über reine Weibchengruppen (meist Wurfgeschwister), in denen sich die Mitglieder ausgesprochen gut miteinander vertragen.

Interessant ist allerdings, dass bei Rennmäusen und gelegentlich auch bei Mäusen und Ratten, Tiere innerhalb Zweier- bzw. Vierer-Beziehungen, sowohl in reinen Männchen- als auch innerhalb reiner Weibchengruppen, auf Dauer freundlicher miteinander umgehen als Tiere in einer Dreier-Beziehung. In größeren Gruppen kommen solche Aspekte kaum mehr zum Tragen.

Ratten-Weibchen sind meist nagebegeisterter, flinker, unternehmungslustiger und kletterfreudiger als die Männchen, während es bei den Mäusen eher die Böcke sind, die noch unermüdlicher als die weiblichen Tiere im Käfig herumturnen und während ihrer Aktivitätszeit kaum eine Verschnaufpause einlegen.

Anders als bei den Rennmäusen ist man sich bei Ratten und Mäusen einig: Gerade innerhalb gleichgeschlechtlicher Gruppen gehen weibliche Tiere friedfertiger miteinander um als männliche. Unter Ratten-Böcken gibt es zwar nur gelegentlich kurze Auseinandersetzungen, die meistens dramatischer aussehen, als sie in Wirklichkeit sind. Bei den Mäuse-Böcken dagegen kommt es in reinen Männchengruppen nicht selten sogar zu blutigen Kämpfen. Auch wenn es immer wieder Mäuse-Männchen gibt, die sich bestens vertragen, ist von ihrer Gruppenhaltung dennoch abzuraten.

Kastrierte Mäuse-Böcke bzw. ein kastriertes mit einem nicht kastrierten Tier kommen normalerweise wesentlich besser miteinander aus und sie „duften“ (zumindest für menschliche Nasen) auch viel weniger. Wenn Sie männliche Mäuse halten möchten, dann erkundigen Sie sich bitte unbedingt vorher nach einem Tierarzt, der sich auf Kastrationen bei Kleinnagern versteht und bei dem Sie „im Notfall" auch rasch einen Termin bekommen.

Neben Mäuse-Männchen können natürlich ebenso Rennmaus- bzw. Ratten-Böcke kastriert und dann auch mit weiblichen Tieren vergesellschaftet gehalten werden. Da Kastrationen bei männlichen Nagern meist einfacher durchzuführen sind als bei weiblichen, werden für eine paarweise Haltung üblicherweise die Männchen operiert. Dabei ist allerdings zu beachten, dass der Testosteron-Spiegel (männliches Geschlechtshormon) im Blut der Tiere nach einer Kastration nur recht langsam absinkt, sodass männliche Nager bis mehrere Wochen nach der Operation noch regelmäßig aufreiten und Ratten- bzw. Mäuse-Böcke dabei gelegentlich sogar noch Nachwuchs zeugen können. Aus „Sicherheitsgründen" ist es deshalb ratsam, verschiedengeschlechtliche Tiere nicht zu früh zusammenzubringen. Bei Ratten werden mindestens vier, bei Mäusen zwei Wochen Wartezeit empfohlen. Damit sich bekannte Tiere währenddessen nicht entfremden und anschließend möglicherweise nicht mehr gut vertragen, sollten zumindest ihre Käfige dicht beieinander platziert werden (siehe hierzu auch: Vergesellschaftung).

Kontaktaufnahme mit dem menschlichen Pfleger

Unter den hier behandelten Nagerarten sind es sicherlich die Ratten, die den innigsten Kontakt zu ihrem Pfleger aufbauen können, dicht gefolgt von den Mongolischen Rennmäusen. Diese beiden Arten sind es auch, die sich unserem Aktivitätsrhythmus am besten anzupassen verstehen. Dabei kommen uns die Rennmäuse mit ihrer polyphasischen Aktivitätsrhythmik ohnehin schon entgegen, aber auch die Ratten gleichen sich gerade in den frühen Morgen- und späten Abendstunden dem Aktivitätsmuster ihres Betreuers rasch an und fordern dann prompt und unmissverständlich ihre Schmuserunde ein. Wenn Sie Ihre Tiere also täglich immer zu denselben Zeiten zum Groomen aus dem Käfig herausnehmen, dann werden diese Sie bald jeden Tag zu eben diesen Zeiten sehnsüchtig erwarten.

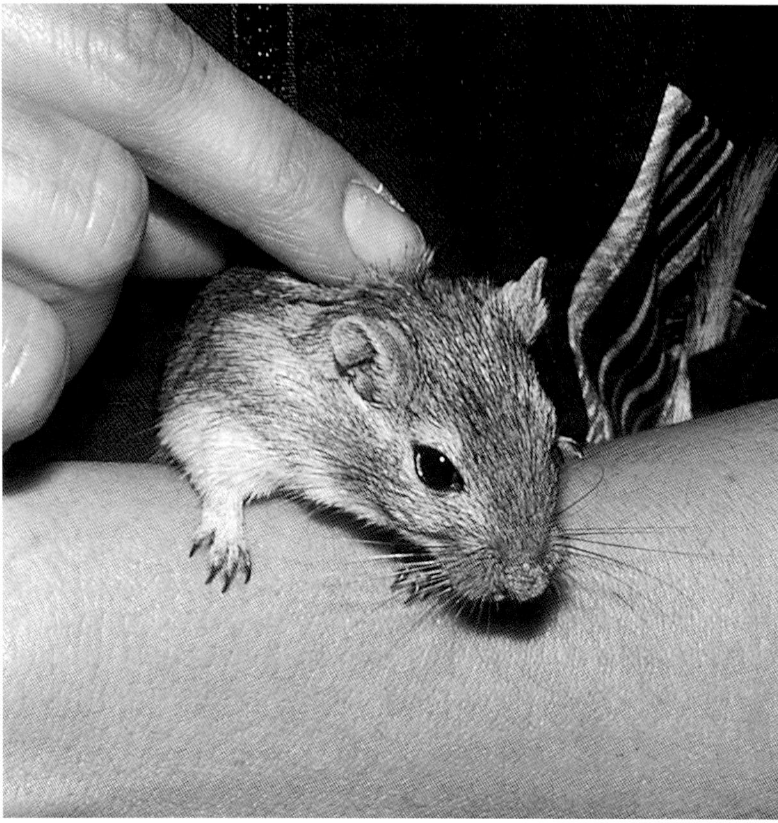

Das lässt sich die Mongolische Rennmaus gerne gefallen.

Unsere Ratten stehen morgens meist schon erwartungsvoll am Käfiggitter und strecken ihre Näschen sichernd durch die Stäbe. Auch die Rennmäuse haben rechtzeitig Posten auf den beiden erhöhten Stellen in ihrem Glasbecken bezogen, damit sie, so scheint es, nichts Wichtiges verpassen.

Nach einer angemessenen Eingewöhnungszeit reagieren die meisten Ratten und Mongolischen Rennmäuse auch gezielt auf Zuruf bzw. spezifische Geräusche wie Fiepen, Zungenschnalzen usw. und holen sich dann den gewohnten Leckerbissen oder die Streicheleinheit bei ihrem Menschen ab. Mäuse sind seltener mit

Ratten lassen sich leicht mit Kontaktlauten aus ihrem Schlafhäuschen locken.

solchen Kontaktlauten zum Verlassen ihres Schlafhäuschens zu bewegen, wohl aber mit dem Anbieten von Leckerchen vor dessen Ausstiegsöffnung. Gerade bei den Mäusen bedarf es deshalb noch viel einfühlsamerer Betreuung, will man erreichen, dass auch sie völlig unbekümmert sofort zu uns eilen. Zielstrebiges Stupsen zur Kontaktaufnahme mit uns habe ich, ganz anders als bei den „Merries“ und „Ratzen“, bei unseren kleinen Mäuschen trotzdem noch nicht erlebt.

Nach meinen Erfahrungen suchen Mäuse gerne Schutz in der hohlen Hand und genießen dabei unsere Streicheleinheiten. Ansonsten betrachten sie den menschlichen Körper wohl eher als überaus interessanten und abwechslungsreichen Kletterberg. Unsere Mongolischen Rennmäuse dagegen lieben es, zärtlich und anhaltend an den Wangen, hinter den Ohren und im Nacken gekrault zu werden. Und sobald wir das Groomen unterbrechen, fordern sie uns – so empfinden wir dies zumindest – mit sanftem „Köpfchenanlegen“ zum Weitermachen auf.

Unsere Ratten schließlich sind geradezu darauf versessen, ausgiebig mit uns zu schmusen. Mit typischen Hüpfbewegungen kommen sie immer wieder auf uns zugehopst und fordern zum gemeinsamen Spiel oder Grooming auf. Der größte Liebesbeweis, den sie uns bislang entgegengebracht haben, war ihr zärtliches Knabbern an unseren Fingernägeln sowie auf unserer Haut. Beim Freilauf folgen uns unsere „Ratties“ neugierig auf Schritt und Tritt. Deshalb bewegen sich sämtliche Familienmitglieder auch mit ganz charakteristischen „Schlurfschritten“ (und stets ohne Schuhe) vorwärts. Manchmal passiert uns das sogar, wenn die Ratten überhaupt nicht um uns herum sind, sondern friedlich in ihrem Käfig schlummern.

Ratten sind in der Tat richtiggehend anhänglich. Nicht umsonst werden sie von ihren Liebhabern als „Hunde im Jackentaschen-Format“ bezeichnet.

Freilauf im Zimmer

Den besonders erkundungsfreudigen und interessierten Ratten sollten Sie täglich mehrere Stunden beaufsichtigten Freilauf in

Die Entfernung geschätzt, der Landeplatz angepeilt uuuuund...

einem nagersicheren Zimmer gönnen. Dass sich in einem solchen Raum weder ungesicherte Steckdosen noch ungeschützte Elektrokabel befinden dürfen, ist selbstverständlich. Außerdem sollte man bedenken, dass insbesondere die männlichen Tiere ihr Territorium mit kleinen Harntröpfchen markieren. Ein Zimmer mit kostbarem Mobiliar und edlen Teppichen eignet sich demnach nicht als Freilauf-Areal. Bisweilen wird sogar der Zweibeiner, auf dem die Ratten mit Vorliebe herumturnen und auf dessen Schulter sie besonders gerne ihren Aussichtsplatz einnehmen, mit winzigen Urintröpfchen betupft.

Voller Wollust in Blumentrögen zu graben, ist ebenfalls eine große Leidenschaft aller Heimtierratten. Aber nicht nur sie, auch die Rennmäuse geraten geradezu in Ekstase, treffen sie auf ein solches Objekt ihrer Begierde. Um den kleinen Kobolden nicht ständig „hinterhersaugen" zu müssen, empfiehlt es sich, ihnen an einer eigens dafür vorgesehenen Stelle eine eigene Buddelkiste mit ungedüngter Blumenerde oder grobem Vogelsand bereitzustellen und die Erde der Zimmerpflanzen mit einem feinen Maschendraht o. Ä. vor dem Zugriff der fleißigen „Wühler" zu sichern.

Man sollte außerdem daran denken, dass alle Nager gerne an Pflanzenteilen – und vielen anderen Einrichtungsgegenständen – knabbern. Handelt es sich dabei um giftige Zierpflanzen, kann dies ihrer Gesundheit schaden und im schlimmsten Fall zu Vergiftungserscheinungen oder zum Tod der kleinen Hausgenossen führen. Gekippte Fenster und einen Spalt breit geöffnete Türen sind ebenfalls zu vermeiden. Zu leicht könnten Ihre Nager eingeklemmt werden oder entwischen.

Sehr viele Nagerhalter erlauben nicht nur den Ratten, sondern auch ihren Rennmäusen den täglichen Freilauf im Zimmer. Dass bei diesen äußerst flinken, nagebegeisterten Kleinen der Tummelplatz absolut ausbruchs- und nagersicher sein muss und keine „Untertauchmöglichkeiten" aufweisen sollte, versteht sich eigentlich von selbst. Mongolische Rennmäuse besitzen nicht annähernd so kräftig verlängerte Hinterextremitäten wie ihre weit- und hochsprungbegabten Verwandten, die Springmäuse. Dennoch sind sie, ähnlich wie die Ratten, in der Lage, recht weit und auch hoch hinauf zu springen. Meriones schaffen es aus dem Stand durchaus auf 35 cm Höhe. Unterschätzen Sie die Leistungen Ihrer Nager also bitte nicht! Übrigens: Auch Gardinen erklimmen alle Rennmäuse ebenso wie Ratten und Mäuse mit Leichtigkeit.

Während die Meriones ihren Freilauf genießen, sollte man sich natürlich weder ruckartig noch hektisch im Zimmer hin und her bewegen und außerdem nur sehr vorsichtig auftreten, um die kleinen Tiere nicht versehentlich zu quetschen.

Rennmäuse mögen solche interessanten Erkundungsgänge sehr gerne und sie krabbeln auch bald völlig ohne Scheu an den Beinen oder Armen ihrer Menschen hoch, um sich von ihnen kraulen zu lassen. Und wenn den Tieren z. B. eine kleine Auf- bzw. Einstiegstreppe gebastelt wird, kehren sie nach geraumer Zeit meistens ganz von alleine in ihr Nagerheim zurück. Ansonsten kann man sie auch mit der „Röhrentechnik" (s. u.) und etwas Geduld wieder einfangen.

Wem ein solcher Freigang jedoch zu strapaziös erscheint, der sollte das emsige Treiben seiner Meriones besser in deren geräumigem und reichhaltig ausgestatteten Glasbecken beobachten und dafür sorgen, dass ihnen dort genügend Nage- und Scharr-

Mongolische Rennmäuse müssen beim Freilauf sorgfältig beaufsichtigt werden.

material sowie ausreichende Klettermöglichkeiten zur Verfügung stehen. Wer Lust hat, kann seinen Tieren (Meriones, Mäusen) ein zusätzliches Kletterareal z. B. aus mehreren, mit Röhren verbundenen und abwechslungsreich eingerichteten Gitterkäfigen zusammenbasteln.

Damit auch solche ohne Freilauf gehaltenen Tiere einen innigen Kontakt zu ihrem Menschen entwickeln können und auf Dauer zahm bleiben, müssen sie selbstverständlich so häufig wie möglich zum Streicheln und Kraulen aus ihrem Käfig herausgenommen werden. Eine halbe bis eine Stunde pro Tag sollte es mindestens sein. Bei dieser Gelegenheit dürfen sie dann auch auf ihrem Menschen turnen und klettern.

Mehr noch als Mongolische Rennmäuse und Ratten lieben es die Mäuse zu klettern und auf dünnen Ästen oder Seilen in luftiger Höhe zu hangeln. Deshalb fühlen sie sich in einem großen Gitterkäfig mit zahlreichen interessanten Kletter- und Balanciermöglichkeiten besonders wohl. Dort oder auf einem speziell für sie gebauten Mäusespielplatz (siehe S. 133) sollten Sie diese munteren Gesellen dann auch beobachten, denn für die kleinen zierlichen Mäuschen eignet sich der freie Auslauf im Zimmer nicht. Wie Ratten und Rennmäuse, so lieben es freilich auch die Mäuse, auf ihrem Menschen herumzuturnen und sich in dessen Pulloverärmel oder Hosenbein zu verstecken. Deshalb sollte man ihnen dieses Vergnügen auch möglichst häufig bieten, am besten mindestens 30 Minuten täglich. Besonders kitzlig darf man dabei allerdings nicht gerade sein!

Welche Geruchsbelästigung ist zu erwarten?

Anders als die Duftabsonderungen von Ratten sind diejenigen der Mäuse, insbesondere der Männchen, auch für uns „Schlecht-Riecher" deutlich wahrnehmbar. Häufiges und gründliches Reinigen des Mäusekäfigs sowie geeignete Materialien für dessen Einrichtung helfen aber, den von vielen Zweibeinern als aufdringlich empfundenen Geruch auf ein Minimum zu beschränken.

Mongolische Rennmäuse benötigen in dieser Hinsicht den geringsten Pflegeaufwand. Wie bereits erwähnt, produzieren sie nur wenig Harn und sehr trockenen Kot, sodass sie für unser Empfinden nahezu geruchlos sind.

Wohin mit den kleinen Nagern im Urlaub?

Der Aspekt des „Mäuseduftes" ist neben dem der allgemeinen Akzeptanz von Nagern sicher nicht zu unterschätzen, wenn es darum geht, die kleinen Heimtiere während des Urlaubs oder einer längeren Abwesenheit bei einem geeigneten Betreuer in Pflege zu geben. Nur wer weder Ekel noch Angst vor diesen possierlichen Kleinen zeigt, kann als „Ersatzpfleger" in Betracht gezogen werden.

Am erfolgversprechendsten ist es natürlich, sich mit anderen Nagerfreunden zusammenzutun nach dem Motto: Nimmst du meine Tiere, nehm' ich deine Tiere! Als Rattenfreund und Mitglied im VdRD hat man zudem die Möglichkeit, seine „Pelznasen" zu ausgeschriebenen Pflegestellen anderer Vereinsmitglieder zu bringen, wo man sie dann in besonders rattenerfahrenen Händen weiß.

Für Nager mit Freilauf ist es sicherlich dennoch das Beste, sie werden zu Hause und in ihrem gewohnten Freilauf-Gelände weiter versorgt. Die anderen Tiere können – sollten sie das Glück haben, einen großen, geräumigen und deshalb nicht transportablen Käfig zu bewohnen – für die Urlaubszeit in eine kleinere Behausung umquartiert und zur Pflegestelle verfrachtet oder sogar einmal in die Ferien mitgenommen werden.

Bei einem Campingurlaub ist dann allerdings zu bedenken, dass es im Fahrzeug recht heiß werden kann und die Tiere zeitweise an einem kühlen und sicheren Ort untergestellt werden müssen. Sind Übernachtungen in einem Hotel geplant, dann sollten Sie, um sich unliebsame Überraschungen zu ersparen, rechtzeitig nachfragen, ob diese Haustiere mitgebracht werden dürfen. Dass Sie sich auch während Ihrer gemeinsamen Ferien regelmäßig mit den Nagern befassen sollten, versteht sich freilich von selbst.

Über einen kürzeren Zeitraum (maximal vier Tage) und mit ausreichend Trinkwasser sowie genügend Futterreserven versorgt, können Ratten, Mäuse oder Rennmäuse problemlos allein gelassen werden (Gruppenhaltung vorausgesetzt!). Nach Ihrer Rückkehr sollten Sie sich dann allerdings besonders ausgiebig mit Ihren Zöglingen beschäftigen, denn nicht genügend umsorgt oder vernachlässigt verlieren die kleinen Nager rasch ihre Zutraulichkeit und ziehen sich dann sogar vor Ihnen zurück.

Welches Lebensalter erreichen Nager in Menschenobhut?

Die Lebenserwartung der kleinen Nager ist leider nicht hoch. Sie ist bei den Mäusen mit durchschnittlich 18 Monaten am geringsten und bei den Mongolischen Rennmäusen mit ungefähr dreieinhalb Jahren am höchsten.

Sicher nicht allein aufgrund der Tatsache, dass es bei den Laborratten (ähnlich wie bei den Mäusen) ursprünglich stammspezifisch geförderte und deswegen z. T. recht ausgeprägte Anfälligkeiten für ganz bestimmte Erkrankungen wie z. B. Blutkrebs, Zuckerkrankheit und seltener auch für Tumoren gibt, deren Anlagen sich zu einem gewissen Grad selbst heute noch im Erbgut vieler Heimtierratten wiederfinden, werden auch Ratten selten älter als zwei bis zweieinhalb Jahre. Ihre bereits mit zwölf bis 14 Lebensmonaten erheblich abnehmende Fruchtbarkeit spricht nämlich dafür, dass sie auch dann kein wesentlich höheres Alter erreichen würden, besäßen sie derartige „Erblasten" nicht. Selbst die in der Altersforschung eingesetzten und speziell auf Langlebigkeit gezüchteten Laborratten werden normalerweise nur ungefähr drei Jahre alt.

Vor kurzem konnte übrigens gezeigt werden, dass die richtige Ernährung und folglich auch das Körpergewicht der Tiere die Lebenserwartung viel stärker beeinflussen als bisher vermutet.

Nager und andere Heimtiere

Solange sich die kleinen Nager in ihrem Käfig aufhalten, treten bei der gleichzeitigen Haltung verschiedener Tierarten selten Probleme auf. Hunde, aber auch junge Katzen können es lernen, die Nager in Ruhe zu lassen oder zu ignorieren. Gerade Ratten nehmen aufdringliche Annäherungsversuche gewöhnlich nicht einfach hin oder verstecken sich verschüchtert, sondern sie gehen, werden ihnen diese Vierbeiner allzu lästig, zum „Gegenangriff" über, indem sie durch die Käfigstäbe zwicken und so den Störenfrieden eine Lektion erteilen.

Auch beim Freilauf sind es die Ratten, die durch ihre ruhigeren Bewegungen den natürlichen Jagdtrieb von an Heimtiernager gewöhnten Hunden oder Katzen weniger stark auslösen als z. B. die Rennmäuse. Trotzdem dürfen auch sie während des Freilaufs niemals miteinander alleine gelassen werden.

Gerade Ratten haben auch selbst einen ausgeprägten Jagdinstinkt. Ihnen gemeinsam mit Rennmäusen, Mäusen oder z. B.

Nager und andere Heimtiere niemals unbeaufsichtigt miteinander frei laufen lassen!

Ziervögeln „Ausgang“ zu gewähren, ist deshalb nicht ratsam. Genauso wenig sollte man seinen Tieren gestatten, auf den Käfigen der jeweils anderen Tierarten herumzuklettern. Sehr nahe beieinander platzieren sollte man bei gleichzeitiger Haltung von Ratten und Mäusen/Rennmäusen bzw. Ratten und Ziervögeln die einzelnen Käfige ebenfalls nicht. Denn Stress-Vermeidung heißt die Devise!

Besonders wichtig bei gleichzeitiger Haltung verschiedener Heimtiere sind natürlich auch ausbruchssichere Käfige. Denn gerade die schlanken und gewandten Mäuse und Rennmäuse, aber auch die Jungen der Heimtierratten, die noch klein genug sind, sich durch jeden Spalt hindurchzuzwängen, können in einem unbeobachteten Moment durchaus einmal durch die Gitterstäbe schlüpfen, um sich nun selbstständig auf Erkundungstour zu begeben. Ist dann der aufmerksame bellende oder schnurrende Heimtierkumpan zur Stelle, kann das für den kleinen freilaufenden Nager (trotz bester Erziehung seines „Feindes“) rasch tödlich enden.

Ratten, Mäuse und Rennmäuse als Gefährten für Kinder

Viele Kinder wünschen sich nichts sehnlicher als ein eigenes Tier, das sie umsorgen und lieb haben dürfen. Solchen Wünschen nachzukommen ist sicher kein Fehler, denn für die Verhaltensentwicklung gerade von Stadtkindern, die sich der belebten Natur mehr und mehr entfremden, hat sich die Beschäftigung mit Heimtieren als besonders günstig erwiesen.

Wird der Kauf von Ratten, Mäusen oder Rennmäusen ins Auge gefasst, dann sollten aber nicht nur Ihre Kinder für die kleinen Nagern schwärmen, sondern auch Sie selbst. Denn von Kindern ständige Verantwortungsbereitschaft für ihre lebenden Hausgenossen zu fordern, ist nicht möglich, selbst dann nicht, wenn die mit der Tierhaltung verbundenen Pflichten vorab gründlich durchgesprochen wurden. Sie sollten deshalb davon ausgehen, dass Sie sich auch einmal selber um die Heimtiere Ihrer Kinder kümmern müssen.

Eine eigenverantwortliche Pflege von Ratten ist nach meinen Erfahrungen erst bei Kindern im Alter von acht bis zehn Jahren möglich, die von Rennmäusen und Mäusen sogar erst nach dem zehnten Lebensjahr. Denn gerade die zarten und flinken Mäuse bzw. Rennmäuse müssen gewandt und vor allem sehr sacht aufgenommen werden, sollen sie zahm und zutraulich werden. Ratten sind da schon etwas „härter im Nehmen", können aber, wenn sie misshandelt oder gequält werden, auch ordentlich zubeißen. Es empfiehlt sich deshalb in jedem Fall, die Kinder beim Umgang mit ihren Tieren zunächst nicht alleine zu lassen, sondern sie dabei freundlich und unaufdringlich zu beraten.

Kleinkindern bis ungefähr zum sechsten Lebensjahr fehlt die nötige Geschicklichkeit, die Tiere sicher und sanft genug zu greifen. Außerdem zeigen sie ein noch zu geringes Verantwortungsbewusstsein und lassen die kleinen Nager nicht selten fallen, wenn diese eine unerwartete oder ruckartige Bewegung machen. Behutsam und nach Herzenslust streicheln dürfen sie die von Erwachsenen oder älteren Kindern sorgsam festgehaltenen Nagetiere freilich jederzeit.

Darüber hinaus sollten kleine Kinder so häufig wie möglich Gelegenheit bekommen, zusammen mit ihren Eltern die Nagetiere in ihrem Käfig oder beim Freilauf zu beobachten. Dabei können sie dann auch Fragen zu bestimmten Verhaltensweisen der Tiere stellen und lernen, diese Lebewesen zu verstehen und zu achten. Das setzt natürlich bei den Eltern die Bereitschaft voraus, sich zum einen mit ihren Kindern ausgiebig zu befassen und zum anderen, sich selbst Kenntnisse über das Wesen und Verhalten von Ratten, Mäusen oder Rennmäusen anzueignen.

Wo kauft man die kleinen Heimtiere am besten?

Sie können sich und Ihren Tieren viel Leid ersparen, wenn Sie sie nicht irgendwo kaufen, sondern auch für den Erwerb Ihrer kleinen Nager ein gut geführtes Zoofachgeschäft bzw. einen guten Züchter aussuchen. Auch im örtlichen Tierheim sollten Sie nachfragen oder, bei Interesse an Ratten, außerdem bei der Notfallzentrale des VdRD, denn dort wartet nicht selten auch „ungewollte" Nager-Nachzucht auf ihre Vermittlung.

Warum es leider gerade bei den Ratten häufig zu solchem ungewollten Nachwuchs kommt, liegt gewöhnlich daran, dass in zahlreichen Zoogeschäften Nager immer noch in großen, gemischtgeschlechtlichen Gruppen gehalten werden, in denen sich die Tiere unkontrolliert fortpflanzen können. Nicht selten erwirbt der ahnungslose Nagerkäufer dann anstelle zweier Jungtiere gleich zwei werdende Mütter samt ungeborenem Nachwuchs, welchen er an sein örtliches Tierheim oder z. B. an den VdRD weitergeben muss, sollte der Zoohandel nicht zur Rücknahme bereit sein.

Aber selbst dann, wenn die Nagermutter mit ihren Kindern ein eigenes Heim beziehen darf, kommt es vor, dass gedeckte Weibchen zum Verkauf angeboten werden. Die jungen Nagermännchen kennen nämlich keine Inzestbedenken und paaren sich ungezwungen mit ihren Schwestern oder der Mutter, wenn sie nicht rechtzeitig von diesen getrennt werden. Sogar bei den Rennmäusen kann es zu derartigen Verpaarungen kommen. Möglicherweise wirkt die sich ständig ändernde Gruppengröße aufgrund der Ent-

Diese champagnerfarbene Haubenratte untersucht unternehmungslustig ihr neues Zuhause.

nahme von Tieren zum Verkauf dem Aufbau einer stabilen „Fortpflanzungsordnung“ innerhalb der Familie entgegen.

Abgesehen davon, dass eine so frühe Trächtigkeit und Jungenaufzucht der Gesundheit der betroffenen Weibchen nicht gerade förderlich ist, sind die aus solchen Würfen stammenden Kleinen häufig weniger widerstandsfähig als Jungtiere von etwas älteren, physisch wie psychisch auf eine Schwangerschaft besser vorbereiteten Weibchen.

Es sprechen also sehr viele Gründe dafür, sich nach einem Liebhaber-Züchter umzuschauen, der seine Tiere nicht bloß vermehrt, sondern nach den im letzten Kapitel beschriebenen Kriterien zusammenführt und versorgt. Anhand von Anzeigen in der Tagespresse, in Tiermagazinen sowie im Internet und durch Nachfragen bei anderen Nagerhaltern oder Tierärzten in der näheren Umgebung lassen sich bisweilen sogar mehrere Züchteradressen zusammentragen.

In der Regel kosten Ratten-, Mäuse- oder Rennmaus-Kinder beim Züchter nicht wesentlich mehr als im Zoohandel und eine kostenlose und kompetente Beratung bekommen Sie obendrein. Freilich heißt es auch dort: Augen auf beim Nagerkauf! Lassen Sie sich deshalb genügend Zeit für Ihre Entscheidung und gehen Sie im Zweifelsfall unverrichteter Dinge wieder nach Hause.

Möchten Sie sich doch im Zoohandel nach geeigneten Nagern umsehen, dann entscheiden Sie sich bitte nur dann zum Kauf, wenn die Tiere dort mindestens nach Geschlechtern getrennt gehalten werden und auch artgerecht untergebracht sind. Außerdem sollten Sie niemals aus Mitleid kaufen, weder kranke, verletzte oder verwahrloste Tiere noch solche aus überfüllten Behausungen! Damit würden Sie die schlechten Haltungsbedingungen nur noch fördern.

Manchmal werden in Zoofachgeschäften so genannte „handzahme“ Tiere für einen meist etwas höheren Preis als die anderen Vertreter dieser Art angeboten. Diese Tiere stammen nicht selten gerade von denjenigen Weibchen, die bereits trächtig an den Nagerkäufer gelangt und von diesem nach der Aufzuchtphase wieder an das Zoogeschäft zurückgegeben worden sind. Solche Tiere sind, erwirbt man sie möglichst bald nach der Übergabe, meist sehr zutraulich, weil sie den regelmäßigen Umgang mit Menschen gewohnt sind und demnach menschliche Verhaltensweisen schon gut kennen. Trotzdem ist dies kein triftiger Grund dafür, den Nagerkauf im Zoogeschäft zu favorisieren, denn die kosten- und zeitaufwendige Aufzucht- und Gewöhnungsarbeit hat hier bereits ein Nagerfreund und nicht der Handel geleistet.

Andererseits ist hier auch nicht beabsichtigt, das „Feindbild Zoohandel“ zu schüren, denn es gibt durchaus auch Zoofachgeschäfte, denen die „schwarzen Schafe“ in ihren Reihen selbst ein Dorn im Auge sind. Mit der Gründung des ZZF, dem „Zentralverband Zoologische Fachbetriebe e. V.", haben sich einige von ihnen schon seit längerem dem Wohlergehen des Tieres und der fachlich kompetenten Beratung ihrer Kunden verschrieben. In Zusammenarbeit mit der „Tierärztlichen Vereinigung für Tierschutz" (TVT) und dem „Bundesverband der beamteten Tierärzte" (bT) verleiht der ZZF besonders gut geführten Zoofachgeschäften das Gütesiegel „Ausgezeichnetes Fachgeschäft". Auf dieses bislang leider nur sehr selten verliehene Zertifikat sollten Sie bei einem Kauf Ihrer Nager im Zoohandel deshalb ebenfalls achten!

Die Kaufpreise betragen im Zoofachhandel für weiße Mäuse ca. 2,50 DM, für einfarbige Mäuse (Schwarz, Agouti usw.) sowie Mäuse mit verschiedenen Fellzeichnungen 4,– bis 6,– DM. Albinoratten sind – da üblicherweise für Reptilienliebhaber als Schlangenfutter vorgesehen – recht billig. Sie kosten meist nur 5,– bis 7,– DM. Für die verschiedenen Farbschläge bei Ratten zahlen Sie je nach Modetrend zwischen 12,– und 30,– DM. Mongolische Rennmäuse werden hierzulande am häufigsten in den Farben Agouti, Schwarz und Weiß für ca. 17,– DM angeboten.

Was muss beim Kauf außerdem beachtet werden?

Zum Aufbau Ihrer Nagergruppe suchen Sie sich möglichst junge Tiere aus, am besten aus einer Wurfgemeinschaft. Da Wurfgeschwister miteinander aufgewachsen und bereits gut aneinander gewöhnt sind, werden solche Nager höchstwahrscheinlich auch in Zukunft am harmonischsten miteinander auskommen. Mit z. T. nicht unerheblichem Einsatz und nicht selten auch blutigen Auseinandersetzungen zu Beginn ihres Zusammenlebens ist es meistens dennoch möglich, sich unbekannte, schon etwas ältere oder sehr junge mit bereits erwachsenen Tieren zu vergesellschaften (s. u.). Wesentlich unkomplizierter und stressfreier für alle Beteiligten ist aber die Wahl junger (und vor kurzem erst von der Mutter abgesetzter) Wurfgeschwister.

In verschiedenen Untersuchungen an Ratten und Meriones konnte gezeigt werden, dass die Nachzuchten umso vitaler und intelligenter sind, je länger sie bei den Muttertieren verbleiben

Wurfgeschwister von Mongolischen Rennmäusen kommen gut miteinander aus.

dürfen. Ein einleuchtendes Argument mehr, die Jungtiere nicht zu früh von ihrer Mutter zu trennen.

Damit die jungen Weibchen aber nicht von ihren Brüdern gedeckt und einer zu frühzeitigen Trächtigkeit ausgesetzt werden, müssen die männlichen Tiere schließlich doch, und zwar vor Erreichen der Geschlechtsreife, von ihrer Mutter und den Schwestern getrennt werden. Bei Mäusejungen sollte dies mit ca. vier Wochen, bei Ratten zwischen der fünften und sechsten und bei den Mongolischen Rennmäusen zwischen der achten und neunten Lebenswoche geschehen. Mäuse wiegen dann zwischen 12 und 20 g, Ratten zwischen 85 und 100 g und Meriones zwischen 45 und 55 g. Die Weibchen können bei ihrer Mutter verbleiben.

Wenn Sie kurz nach Eintritt der Geschlechtsreife und bei einem guten Züchter bzw. einem vorbildlich geführten Zoogeschäft die Nager kaufen, sind sie bereits nach Geschlechtern getrennt. Da Sie die Tiere so lange wie möglich bei ihrer Mutter belassen, aber dennoch so früh wie möglich zu sich nach Hause holen sollten, werden Sie die Kleinen also im günstigsten Fall im oben genannten Absetzalter übernehmen.

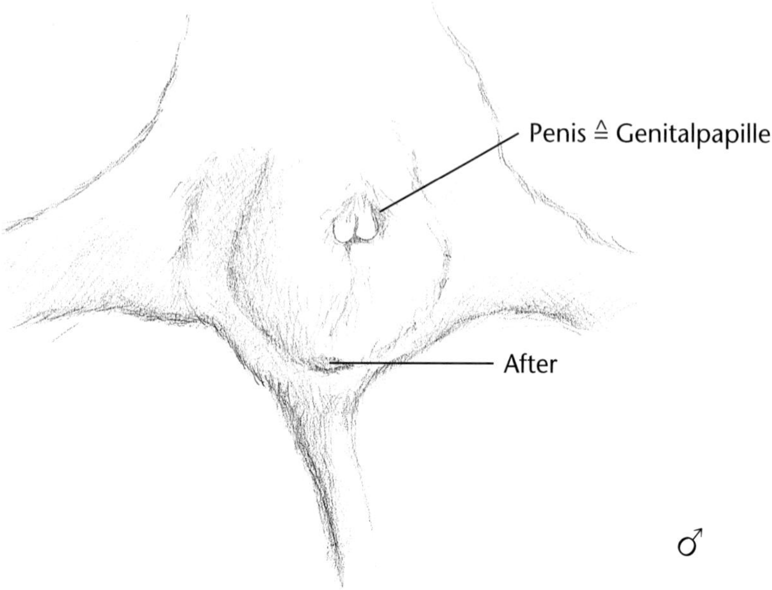

Anordnung von Genitalpapille und After beim Männchen …

… und beim Weibchen.

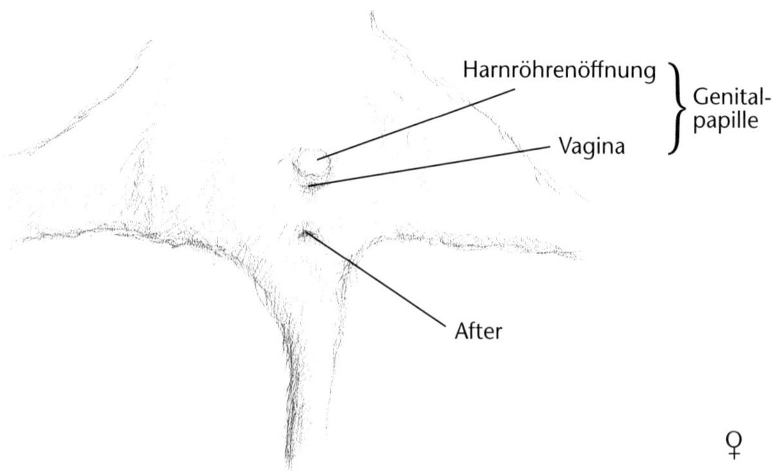

Bei dieser Gelegenheit sollten Sie dann auch das Geschlecht der Tiere überprüfen. Auch wenn dies bei den jungen Mäusen nun nicht mehr ganz so einfach möglich ist wie in der Lebensphase, in welcher die Kleinen noch unbehaart und die weiblichen Zitzen sehr gut zu erkennen waren, so haben Sie doch jetzt noch den gesamten Wurf vor sich und deshalb die Vergleichsmöglichkeit zwischen männlichen und weiblichen Tieren.

Ein zuverlässiger Anhaltspunkt zur Geschlechtsbestimmung ist der Abstand zwischen Genitalpapille und Darmausgang (siehe Abbildung). Dieser ist beim Männchen größer als beim weiblichen Tier, in diesem Lebensalter meist ungefähr doppelt so groß. Einige Zeit nach der Geschlechtsreife weichen die äußeren Geschlechtsorgane (anfangs als Papille bezeichnet) immer deutlicher voneinander ab. Man erkennt dann, dass die Männchen eine gemeinsame Öffnung für Harn- und Geschlechtsorgane besitzen, Harnröhrenöffnung und Mündung der Vagina beim Weibchen aber deutlich sichtbar voneinander getrennt sind. Außerdem bilden die männlichen Tiere jetzt sehr markante Hodensäcke aus.

Bei Ratten- und Rennmaus-Männchen sind die Hoden bereits im oben genannten Absetzalter deutlich zu erkennen und eine Geschlechtsbestimmung ist deshalb relativ einfach.

Was zeichnet gesunde Tiere aus?

Sie sollten natürlich nur gesunde Nager wählen und unbedingt von einem Kauf absehen, wenn im selben Käfig neben vermeintlich gesunden augenscheinlich kranke Tiere sitzen. Außerdem sollten Sie Ihre neuen Hausgenossen während deren Hauptaktivitätsphasen, also in den Morgenstunden oder besser noch am späten Abend aussuchen, denn dann sind die Tiere munter und Sie können deren Neugierverhalten und Temperament erst richtig beurteilen. Tiere, die besonders träge wirken, während ihre Käfiggenossen flink umherklettern oder emsig graben, sollten Sie nicht auswählen.

Gesunde Nager erkennen Sie außer an ihrer Lebhaftigkeit und ihrer Neugierde an den folgenden Merkmalen:

- große klare Knopfaugen
- glattes und glänzendes Fell
- keinerlei kahle Stellen im Fell, auch nicht um Schnauze, Ohren oder Augen
- kein auffällig häufiges Kratzen (Parasitenbefall!)
- weder Schorf noch blutende Wunden
- keine Entzündungen an den Pfoten
- kein Ausfluss aus Nase oder Augen
- kein kotverschmiertes Fell um den After (die Kotpillen aller Tiere im Käfig sollten relativ fest sein)

An so sorgfältig ausgewählten Tieren werden Sie dann hoffentlich ein ganzes Nagerleben lang viel Freude haben.

Bevor Sie aber endgültig zum Kauf Ihrer neuen Lieblinge schreiten können, müssen das Nagerheim, dessen gesamte Innenausstattung, geeignete Einstreu sowie ausreichend Futter und ein kleiner Transportkäfig besorgt werden.

Unterbringung und Pflegemaßnahmen

Ist erst einmal die Wahl für eine bestimmte Art getroffen, dann soll natürlich alles sehr schnell gehen. Dennoch: Zuerst muss eine geeignete Unterkunft für die Nager bereitgestellt werden, die den Tieren ausreichend Sicherheit, Geborgenheit und zahlreiche Rückzugsmöglichkeiten, außerdem genügend Bewegungsfreiheit und ihrem Betätigungstrieb entsprechende Kletter-, Grabe- und Scharrmöglichkeiten bietet.

Für Ratten und Mäuse eignen sich erfahrungsgemäß Gitterkäfige am besten, für Mongolische Rennmäuse sind dagegen Glasbecken, die ansonsten als Aquarien bzw. Terrarien verwendet werden, wesentlich zweckmäßiger.

Das Nagerheim

Große Gitterkäfige für die kletterfreudigen Mäuse

Um es den Tieren zu ermöglichen, tiefe und umfangreiche Gänge zu graben, wird auch für Heimtiermäuse nicht selten die Unterbringung in Glasbecken empfohlen. Da Mäuse, wie bereits erwähnt, relativ große und noch dazu stark riechende Harnmengen ausscheiden, wird selbst sehr saugfähige Einstreu rasch feucht, sodass neben der Geruchsbelästigung für menschliche Nasen auch Gefahren für die Gesundheit der Tiere entstehen können. Denn durch die in großen und hochwandigen Glasbehältern auftretende verminderte Luftzirkulation bildet sich schnell Kondenswasser an den Scheiben, welches zusammen mit geeigneten Raumtemperaturen schädliches Bakterien- und Pilzwachstum begünstigen kann. Durch den geringen Luftaustausch in solchen Behältern steigen zudem die Ammoniakkonzentrationen im Rauminneren rasch an. Dies kann dann zu Reizungen der empfindlichen Nasenschleimhäute der Mäuse führen.

Aus einem Vogelkäfig wird eine gemütliche „Mäusewohnung". In den schmalen Spalt zwischen der Bodenwanne und dem Unterboden kann jedoch Harn hinein tröpfeln, der sich dann unter der Wanne sammelt.

Um die Gesundheit der Tiere nicht zu gefährden, muss der Glasbehälter deshalb mindestens zweimal pro Woche völlig ausgeräumt und gesäubert werden. Die Beunruhigung der auf derartige Störungen am nachhaltigsten reagierenden kleinen Mäuse ist dabei nicht unerheblich.

Ein ebenfalls zweimal pro Woche mit heißem Wasser gereinigter Gitterkäfig dagegen bietet durch seine nach dem Putzen wieder eingebrachten Einrichtungsgegenstände auf jeden Fall mehr Vertrautes für die Mäuse. Abwechslung kann man leicht dadurch schaffen, dass die gesäuberten Kletterstangen, Leitern, Blumentöpfchen, Seile usw. an wechselnden Stellen aufgebaut und gelegentlich ein oder zwei gänzlich neue Kletter- oder Spielutensilien angeboten werden.

Ihrer Kletterfreude können die Heimtiermäuse am besten in Gitterkäfigen mit in horizontaler Richtung verlaufenden Stäben nachkommen und sie tun dies mit Vorliebe auch „über Kopf". Obwohl Heimtiermäuse häufig etwas größer und schwerer sind als ihre wild lebenden Verwandten, sollte man doch unbedingt dafür Sorge tra-

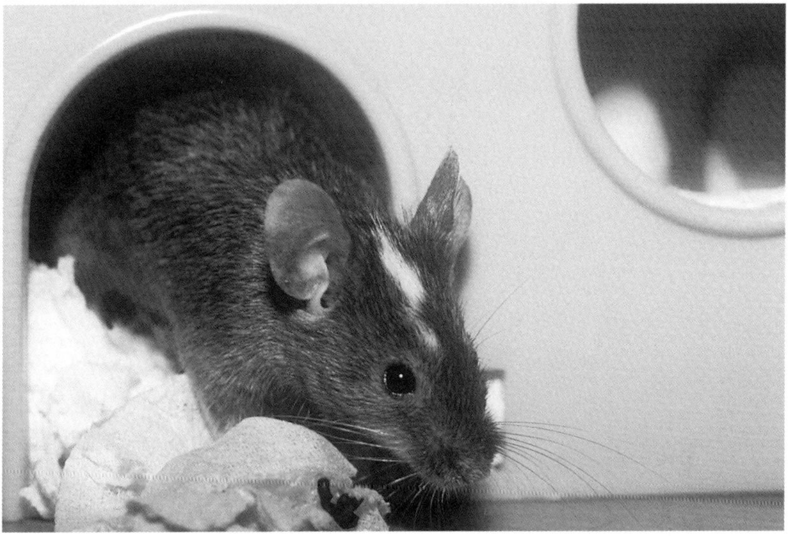

Ein Schlafhäuschen aus Kunststoff ist für Mäuse besonders praktisch.

gen, dass sie nicht durch die Käfigstäbe entwischen können. Bedenken Sie, dass Jungtiere winzig klein und ungemein wendig sind. Der ideale Gitterkäfig für zwei bis vier Mäuse ist mindestens 35 cm breit, 60 cm lang und 50 cm hoch, hat einen Gitterabstand von 0,7 cm sowie eine hohe Bodenwanne aus Kunststoff (ca. 15 cm hoch), um ein übermäßiges Hinausscharren von Einstreu zu vermeiden.

Als Bodenbelag eignen sich Sägespäne und Hobelspäne ebenso wie die verschiedenen extra saugfähigen, staubärmeren und stärker geruchsbindenden, speziell für Kleinnager hergestellten Natur-Einstreumaterialien (z. B. Hanfhäcksel, Walnussschalenschrot, pelletierte Strohstreu, Rindeneinstreu). Derartige Spezial-Einstreu ist nur im Zoohandel erhältlich und meist auch erheblich teurer als die herkömmliche Sägespäne. Viele Mäusehalter verwenden auch geruchsbindende Katzenstreu als Einlage oder sie streuen, ebenfalls zur Geruchsverminderung, Natronpulver in die hauptsächlich als „Toiletten" benutzten Käfigecken.

Auch wenn Nagen zu einer beliebten Beschäftigung zählt, haben Mäuse dennoch einen nicht annähernd so stark ausgeprägten Nagetrieb wie beispielsweise die Mongolischen Rennmäuse. Deshalb eignen sich für Mäuse – anders als für Rennmäuse – Kunststoffteile für die Innenausstattung ihres Gitterkäfigs recht gut. Einrichtungsgegenstände aus Holz oder unglasiertem Ton sind weniger günstig, da sie sehr leicht Feuchtigkeit aufsaugen, schlechter zu reinigen und daher auf Dauer auch „duftintensiver“ sind als solche aus Kunststoff oder Keramik.

Neben zahlreichen Papröhren von unterschiedlicher Länge und Durchmesser brauchen die Mäuse unbedingt ein Schlafhäuschen und ein Laufrad aus Kunststoff in ihrem Käfig. Damit die Tiere sich beim „Rad-Laufen“ ihren langen Schwanz nicht einklemmen und dabei schwer verletzen könnten, darf der Sprossenabstand des Nagerrades keinesfalls weiter als 0,5 cm sein. Noch idealer sind die sowohl unterhalb der Sprossenholme als auch auf der Montageseite geschlossenen Lauftrommeln.

Manche Mäuse sind keine Anhänger von langen Lauftouren, andere wiederum sind so versessen auf ihr Laufrad, dass sie keine „Mitläufer“ dulden, sondern diese jedesmal mit einem Pfotenkick recht unsanft aus der Radtrommel hinaus befördern. In einem solchen Fall und um weitergehende Streitigkeiten unter den Gruppenmitgliedern zu vermeiden, empfiehlt sich die Montage eines zweiten Laufrades am Käfiggitter. Und zur Schonung Ihrer eigenen Nerven: Ab und zu ein paar Tropfen Speiseöl auf die „Radachsen“ ...

Obwohl Mäuse ebenso wie Ratten und Mongolische Rennmäuse nachweislich sehr gerne zusammenkuscheln, kann es doch einmal vorkommen, dass sich die Tiere lieber aus dem Wege gehen wollen. Dafür gilt es Vorkehrungen zu treffen, indem man verschiedene Rückzugsmöglichkeiten im Käfig anbietet, so z. B. mehrere Schlafhäuschen, umgedrehte Blumentöpfe mit seitlichem Einstieg, zahlreiche geräumige Röhren oder Pappschachteln u. v. m. Solche Behältnisse werden übrigens nicht nur als Unterschlupf verwendet, sondern wie die unterschiedlichen Gänge und Kammern der natürlichen unterirdischen Baue der Tiere auch als Vorratsräume, Wochenstube oder als bevorzugte Körperpflege-Plätze genutzt. Da Mäuse sich zum Schlafen gerne einmal an einen erhöhten Ort zurückziehen, sollte zumindest eines der Schlafhäuschen weiter oben im Käfig angebracht und dann verständlicherweise mit einer kleinen „trittsicheren“ Leiter ausgestattet werden.

Ein abwechslungsreich gestaltetes Rennmausheim.

Bisweilen kommt es auch vor, dass sich die Mäuse zwischen zwei Rückzugshöhlen (Häuschen, Röhre etc.) auf dem Boden ihres Käfigs einen eigenen „Kobel“ aus fein zernagtem Nistmaterial errichten, in dem sie dann bevorzugt ruhen. Normalerweise sind derartige Baumaßnahmen auch von der Raumtemperatur abhängig. Denn gerade in den Sommermonaten ziehen die Tiere recht häufig aus ihren weitgehend geschlossenen Unterkünften in solche luftig gebauten Nester um.

Eine Wasserflasche für frisches Trinkwasser und zwei leicht zu reinigende Futternäpfe (für Frisch- sowie Körnerfutter) dürfen selbstverständlich in keinem Mäusekäfig fehlen. Reichlich Küchen- oder Papiertaschentücher sowie möglichst unbedrucktes Papier, Heu und Stroh zum Zerspleißen und als Polstermaterial für ihre Schlafnester benötigen die Tiere ebenfalls. Stoff- und Wollreste sowie Hamster- oder Kosmetikwatte sind als Nistmaterial ungeeignet, da die Nager sich leicht darin verhängen oder sogar strangulieren können.

Geräumige Glasbehälter für die mongolischen „Wühler"

Dass Mongolische Rennmäuse außerordentlich gern ausgedehnte Gangsysteme graben, wurde bereits mehrfach erwähnt. In einem weitgehend geschlossenen und nagefesten Glasbehälter mit einer ca. 30 cm dicken Schicht geeigneter Einstreu fühlen sich diese eifrigen „Höhlenforscher" deshalb ganz besonders wohl.

Damit sich die agilen und neugierigen Kleinen aber nicht in einem unbeaufsichtigten Moment über den Beckenrand davonmachen, um dem Abschleifen ihrer Nagezähne nun an Ihrem 25-bändigen Original-Brockhaus nachzukommen, ist eine feinmaschige Gitterdraht-Abdeckung (max. 1,5 cm Maschengröße) unbedingt erforderlich. Zahlreiche dicke Äste ungespritzter Obst- oder ungiftiger Laubbäume in der Unterkunft eignen sich sicher wesentlich besser, den unbändigen Nagetrieb der Rennmäuse zu stillen, außerdem zahlreiche dickwandige Pappschachteln, Küchenpapierrollen, unbedrucktes, fest zusammengeknülltes Papier sowie etwas Stroh oder Heu. Probieren Sie es doch einmal aus und sie werden überrascht sein, was nach nur 48 Stunden von einem Schuhkarton übrigbleibt: eine Handvoll Konfetti!

Impressionen vom „Häckselplatz" unserer Rennmäuse.

Weshalb Kunststoffteile als Innenausstattung eines Rennmaus-Heimes ungeeignet sind, bedarf jetzt sicher keiner weiteren Erklärung. Auch die im Zoohandel zahlreich (auch für Rennmäuse!) angebotenen Fässchen, Trommeln, Häuschen etc. aus Holz sind deshalb denkbar unzweckmäßig. Es sei denn, man beabsichtigt den wöchentlichen Ersatz solcher Käfigausstattungen.

Die Nagebegeisterung der Rennmäuse können Sie sich übrigens auch zunutze machen. Wenn Sie Ihren Tieren täglich genügend Nagematerial in den Käfig legen, dann schreddern sie sich ihre Einstreu mit der Zeit ganz von allein.

In einem für zwei bis vier Meriones ausgelegten Glasbecken mit mindestens 100 × 55 × 40 cm Seitenlänge (Länge, Breite, Höhe) reicht eine Einlage von zunächst nur ca. 10 cm Sägespäne völlig aus. Innerhalb von nur sechs Wochen – denn häufiger brauchen Sie Ihr Rennmaus-Heim nicht vollständig auszuräumen und zu putzen – haben sich Ihre Kleinen dann eine mindestens 30 cm hohe Höhlenlandschaft mit zahlreichen Gängen und Kammern selbst erarbeitet.

Beobachten Sie Ihre Tiere so häufig wie möglich dabei, wie sie bei diesen Baumaßnahmen zunächst mit den Vorderpfötchen graben und scharren, den „Abraum“ mit den Hinterläufen wegschleudern und diesen anschließend meist mit dem Köpfchen kräftig andrücken, um dem Tunnelelement Stabilität zu verleihen. Oder wie sie mit enormer Geschwindigkeit, unbändigem Eifer und – man möchte fast sagen – System Löcher in Pappkartons fräsen, das Raspelgut sorgsam ins Mäulchen nehmen und zur Schlafhöhle schaffen, um unmittelbar darauf wieder zu erscheinen und ihr Nagewerk fortzusetzen. Manchmal ist dabei sogar eine Art Arbeitsteilung zu beobachten. Während ein Tier der Gruppe die Aufgabe des Zernagens von Nistmaterial übernimmt, ist ein anderes überwiegend damit beschäftigt, das Häckselgut zum Nest zu tragen, um dort die Auspolsterung zu übernehmen. Ja, es ist wirklich faszinierend zuzuschauen! Und als echter Rennmaus-Fan kommen Sie dann sicher auch nicht „unter einer halben Stunde“ wieder vom Käfig weg.

Damit die Tiere sich beim Scharren ihre Krallen ausreichend abnutzen können und damit die Gangsysteme nicht immer wieder zusammenfallen, sollten Sie neben dicken Ästen – die die

Erhöhte Stellen im Käfig werden von Rennmäusen vielfältig genutzt: als Aussichtsplattform, bei der Nahrungsaufnahme …

„Ratten-Paradies".

Rennmäuse sehr gerne auch als Klettergerüst benutzen und dabei hingebungsvoll mit ihrer Bauchdrüse markieren – zusätzlich große Steine, Tonscherben, Blumentöpfe, dickwandige Röhren u. Ä. zwischen der Einstreu platzieren. Die Gegenstände in möglichst unterschiedlicher Höhe und an verschiedensten Stellen angeordnet, machen die Unterkunft für Ihre Rennmäuse mit Sicherheit zu einer abwechslungsreichen Erlebniswelt, die sie sich dann auch täglich neu gestalten. Neben den ohnehin regelmäßig ins Rennmaus-Heim gelegten Nageutensilien, die die Kleinen meist sofort aufmerksam beschnuppern, um sie anschließend emsig in kleinste Teilchen zu zernagen, brauchen Rennmäuse zur Vermeidung von Langeweile keine häufig variierenden Einrichtungsgegenstände.

Ein Gefäß mit frischem Trinkwasser gehört ebenso ins Rennmaus-Heim wie eine Schale mit feinem Chinchilla- oder etwas gröberem Vogelsand. Beides sollten Sie unbedingt an stark erhöhten Plätzen aufstellen, ansonsten sind diese Gefäße alsbald mit Einstreu zugescharrt.

Sand eignet sich übrigens nicht als Grundeinstreu. Zum einen bindet er Feuchtigkeit schlechter als Sägespäne oder das oben erwähnte selbstproduzierte Häckselgut, zum anderen ist der Bau stabiler Wohnröhren in wenig durchfeuchtetem Sand überhaupt nicht möglich. Feuchter Sand wiederum kann Nährboden für Bakterien und Schimmelpilze sein und somit der Gesundheit der Tiere – zumindest in einem so begrenzten Areal wie einer Heimtier-Unterkunft – sogar schaden. Damit Sie sich auch mit den zahlreichen Holzmaterialien aus dem Freien keine Parasiten ins Haus holen, können Sie die dicken Kletteräste (natürlich nicht die dünnen, belaubten Zweige) zunächst gründlich mit heißem Wasser abwaschen und für mehrere Minuten im Backofen erhitzen.

Auch wenn es Sie verwundern mag: Eine Futterschale brauchen Ihre Rennmäuse nicht. Wie ihre Einstreu, so erarbeiten sich die Tiere auch ihr Futter lieber selber. Denn Blätter und Rinde von Ästen abzunagen und nach im Käfig oder in der Einstreu ausgestreuten Körnern, Samen und anderen Leckereien zu schürfen, sind – neben dem Röhrengraben – weitere Lieblingsbeschäftigungen der Mongolischen Rennmäuse.

Ratten und ihr Zuhause

Würden Ratten nicht so gerne nagen und buddeln, bräuchten sie eigentlich gar keinen Käfig. Auch wenn es durchaus einige wenige RattenhalterInnen gibt, die ihre Tiere wie Hunde oder Katzen ganztägig frei in der Wohnung herumlaufen lassen, ist doch ein geräumiger Käfig, in dem sie wenigstens stundenweise untergebracht werden können, für die Haltung empfehlenswert.

Gerade für die artgerechte Haltung dieser Heimtiernager gibt es aber leider noch selten käuflich zu erwerbende Gitterkäfige. Entweder sind deren Grundmaße absolut unzureichend oder – im Falle geräumigerer Käfige – deren Gitterabstände viel zu groß. Jungtiere bis zu einem Alter von zwei bis drei Monaten können sich noch mit Leichtigkeit durch Gitterstäbe von zwei Zentimetern Abstand hindurchzwängen. Das ist beim Kauf eines Rattenheimes unbedingt zu bedenken.

Auch die Käfigdeckel oder -türchen sind ein nicht zu unterschätzender Schwachpunkt an derartigen Behausungen. Ratten sind ausgesprochen geschickt, wendig und ziemlich kräftig. Nicht vollständig gesicherte Käfigabdeckungen oder -türen können sie mühelos aufdrücken und sich dann durch die schmalsten Ritzen hindurchquetschen. Wäscheklammern oder kleine Vorhängeschlösschen sind zur Absicherung unbedingt erforderlich.

Mit etwas handwerklichem Geschick kann man aus einem solchen Käfig aber dennoch ein gemütliches und sicheres Ratten-Zuhause basteln. Da man für das Herrichten eines artgerechten Rattenkäfigs ohnehin fast immer ordentlich Hand anlegen muss, ist der Schritt zum gesamten Eigenbau eines Rattenheimes nicht mehr weit. Zahlreiche Ratten-Fans bauen ihren Tieren deshalb liebevoll ausgestattete „Abenteuer-Schränke“ und die reinsten Luxus-Zimmervolieren mit mehreren Etagen sowie aufwendiger Inneneinrichtung.

Was beim Bau eines Rattenheimes unbedingt zu beachten ist, damit für die Tiere z. B. keine Verletzungsgefahr besteht, sollte man mit einem erfahrenen Rattenhaus-Konstrukteur durchsprechen. Nehmen Sie doch einfach einmal Kontakt mit der Geschäftsstelle des VdRD auf oder besuchen Sie dessen Stand auf einer Heimtiermesse! Man berät Sie dort gerne und gibt Ihnen auch detaillierte Informationen.

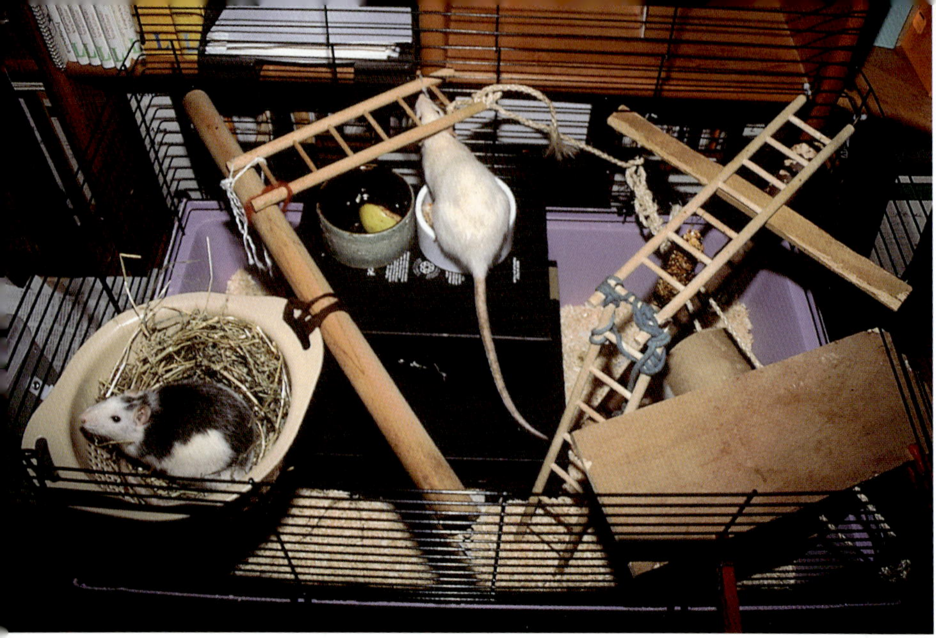

Aus einem großen Meerschweinchenkäfig ist eine zweckmäßige Unterkunft für ausgewachsene Heimtierratten entstanden.

Durch schwarze Gitterstäbe ist ein wesentlich angenehmeres Beobachten der Tiere im Käfig möglich als durch helle oder metallisch glänzende.

Der „Ratten-Kobel“: ein kuscheliges Schlafplätzchen.

Weshalb ein Futternapf unbedingt sehr standfest sein sollte, wird hier ersichtlich.

Da Rattenurin weniger duftintensiv ist als derjenige von Mäusen, können zur Inneneinrichtung ihres Heimes auch Gegenstände aus – unbehandeltem – Holz verwendet werden. Kunststoff ist ebenfalls geeignet. Haben die Tiere genügend und abwechslungsreiche Beschäftigungs- und Klettermöglichkeiten (auch außerhalb des Käfigs), werden selten einmal Kunststoff- oder Holzutensilien der Einrichtung angenagt. Bewegungs- und Beschäftigungsmangel kann jedoch Stereotypien auslösen, die sich dann z. B. in Zernagen verschiedener Materialien, zwanghaftem Nagen an den Käfiggittern oder übersteigertem Putzverhalten äußern.

Übrigens können auch Mäuse in solchen Situationen derartige stereotype Bewegungsabläufe zeigen. Bei den Meriones ist z. B. extrem ausdauerndes Scharren an ein und derselben Stelle, meistens einer Käfigecke, nicht selten ein deutlicher Hinweis auf Langeweile aufgrund einer reizarmen Behausung..

Eine angemessene Unterkunft für zwei bis vier Ratten, die täglich wenigstens zwei Stunden freien Auslauf bekommen, ist mindestens 80 cm breit, 50 cm tief und 150 cm hoch. Da Ratten auch gerne und sehr gewandt klettern, sollten im Käfig genügend kräftige Äste, Leitern, Strickleitern, dicke Seile, große Steine, Blumentöpfe etc. vorhanden sowie mehrere Ebenen eingezogen sein. Einige solcher Unterteilungsebenen können sich sogar über die gesamte Fläche des Käfigs ziehen, müssen dann aber ein bis zwei genügend große Durchschlupf-Löcher von ca. 7–8 cm Durchmesser aufweisen. Wichtig sind auch einige kleinere und dunkle Rückzugswinkel und möglichst zwei unabhängig voneinander zu öffnende Türen auf der Vorderfront. Außerdem muss ein solcher Käfig gut belüftet sein, sollte den Tieren aber dennoch genügend Geborgenheit und vor allem Schutz vor Zugluft bieten.

Einstreu (Sägespäne usw.) brauchen Sie nur in der untersten Etage auszubringen. Um zu vermeiden, dass die Ratten zu viel ihrer Einstreu nach draußen scharren, sollte dieses Stockwerk mit einer ca. 20 cm hohen Kunststoffumrandung bzw. Bodenwanne ausgestattet sein. Häufig wird gerade ein solcher Raum bevorzugt als Toilettenplatz genutzt. Dann genügt es, die Einstreu dort ein- bis zweimal wöchentlich zu wechseln und den Käfigboden heiß auszuwischen. Die anderen Etagen sowie sämtliche Einrichtungsgegenstände sollten – je nach Verschmutzungsgrad, Besatzdichte und Größe des Käfigs – ungefähr jede zweite Woche gründlich gereinigt werden.

Als Schlafhäuschen verwenden Ratten neben entsprechend präparierten Blumentöpfen auch gerne Pappkartons, an denen sie die Eingänge mit Vorliebe selbst an der für sie günstigsten Stelle anbringen. Auch in geräumigen dickwandigen Pappröhren oder den verschiedenen käuflichen, ausreichend großen Nagerhäuschen schlafen Ratten gerne dicht zusammengekuschelt.

Nistmaterial brauchen Ihre Ratten natürlich ebenfalls reichlich. Aber wie Mäuse und Rennmäuse bereiten auch sie sich dieses mit Vorliebe aus Papier aller Größen und Stärken selbst zu. Obwohl Zeitungspapier sicher weniger empfehlenswert ist, wird es sowohl von den Ratten als auch den Mäusen erfahrungsgemäß wesentlich lieber zu Nistmaterial verarbeitet als z. B. unbedrucktes Papier.

Manche Ratten haben eine große Vorliebe für Hängematten oder -körbchen. Eine solche Kuschelecke können Sie leicht selbst aus ausrangierten Textilien in einem Gitterkäfig über Eck anbringen, ebenso wie z. B. ein Osterkörbchen vom letzten Fest. Sie werden erstaunt sein, wie viele Ratten in solch einem Behältnis, das Sie am besten zwischen fest arretierten Holzstangen sowie den Käfiggittern mit Seilen oder dünnen Ketten befestigen sollten, hineinpassen. Unsere Ratten lieben ihre in luftiger Höhe schwankenden Hängekörbchen über alles und sie lassen dafür sogar die teuren Schlafhäuschen aus dem Fachhandel „links liegen".

Wie Mäuse so benötigen auch Ratten eine Wasserflasche für frisches Trinkwasser sowie zwei standfeste Futternäpfe.

Je mehr Platz den Nagern in ihrem Käfig zur Verfügung steht und je vielfältiger dieser eingerichtet ist, umso größer ist ihr Beschäftigungs-, Bewegungs- und Entdeckungsraum und umso lebhafter und gesünder werden Ihre Tiere schließlich sein. Und nicht zuletzt ist es auch für Sie interessanter, wenn Sie die Verhaltensweisen Ihrer Mäuse, Ratten oder Rennmäuse beobachten.

Auch wenn der Preis eines zweckmäßigen, großen und noch dazu reichhaltig ausgestatteten Nagerkäfigs die Kosten für Erwerb und Unterhalt der Tiere selbst bei weitem übersteigt, so macht sich gerade diese Investition auf Dauer sehr gut bezahlt. Es lohnt sich also auch hierbei, gewissenhaft auszusuchen und sehr kritisch zu wählen.

Standort

Selbst Ihren großen und hohen Rattenkäfig sollten Sie, wie auch die Unterkünfte der Mäuse und Rennmäuse, nicht auf den Fußboden stellen. Etwas erhöht auf einem flachen Schrank oder Regal fühlen sich die Nager wesentlich sicherer und zeigen Ihnen dies auch durch ihre große Zutraulichkeit an. Außerdem herrscht an solchen Standorten in der Regel weniger Zugluft und die Tiere sind viel bequemer zu beobachten und zu versorgen.

Nur in einem wirklich ruhigen Eckchen können Sie es mit dem Fußboden-Standplatz versuchen. Aber bitte bedenken Sie stets, dass Tiere, an deren Käfig häufig und unvermittelt angestoßen wird oder auf den immer wieder Dinge – und seien dies auch nur Papierblätter – aufgelegt werden bzw. hinunterfallen und auf den sich ständig „Riesen" zubewegen, die dann zu allem Übel auch noch wie ihre Luftfeinde, die Greifvögel, von oben her hineinfassen, mit Sicherheit weniger rasch zahm werden und im schlimmsten Fall sogar zeitlebens etwas zurückhaltender bleiben als sorgsamer behandelte Nager.

Dass das Nagerheim niemals in eine finstere Abstellkammer o. Ä., sondern in Ihren Wohnbereich gehört und außerdem weder dicht neben der Heizung noch in der prallen Sonne stehen darf, versteht sich eigentlich von selbst. Gerade in einem Glasbecken können bei direkter Sonneneinstrahlung rasch hohe Temperaturen entstehen, die dem Kreislauf der kleinen Nager erheblich zusetzen. Trockene Heizungsluft, Zugluft und Tabakqualm können die Atemwege der Tiere stark belasten und so die Entstehung ernsthafter Erkrankungen begünstigen. Zu hohe Luftfeuchtigkeit, große Kälte bzw. extreme Temperaturschwankungen schaden der Gesundheit der Tiere natürlich ebenso. Am Ideal-Standplatz herrschen 50 % Luftfeuchtigkeit und 18–23 °C Raumtemperatur.

Da Scharren und Nagen verständlicherweise mit Geräuschentwicklung einhergeht und Mongolische Rennmäuse sowie Mäuse und Ratten überwiegend in der Dämmerung aktiv werden, ist es auch nicht ratsam, das Nagerheim in einem Schlafzimmer aufzustellen.

Umgang mit den kleinen Hausgenossen

Heimtransport

Für die Abholung Ihrer neuen Heimtiere sollten Sie einen kleinen mit Einstreu und einem Schlafhäuschen oder einer Pappschachtel ausgestatteten Transportkäfig bereithalten. Die Versorgung der Nager mit Wasser und Futter wird nur bei einem längeren Heimweg erforderlich.

Meist werden sich die kleinen Fellbündel ohnehin zunächst dicht zusammengedrängt in ihrem Unterschlupf verstecken und sich erst gegen Ende der Heimreise zögernd hervortrauen. Sprechen Sie dann leise und in freundlichem Tonfall mit Ihren Kleinen. Auf keinen Fall sollten Sie sich dazu verleiten lassen, die Tiere jetzt bereits aus ihrem Käfig bzw. dem Unterschlupf herauszunehmen.

Noch etwas unsicher traut sich diese Maus schließlich doch aus ihrem Versteck heraus.

Eingewöhnung

Zu Hause angekommen, stellen Sie das Schlafhäuschen bzw. den Pappkarton mitsamt seinen Insassen in die neue Unterkunft und lassen – auch wenn es Ihnen sehr schwer fällt – die kleinen Nager erst einmal ungestört ihre neue Behausung erkunden.

In den ersten zwei bis drei Tagen im neuen Heim ist Anfassen der Tiere ohnehin nicht gestattet. Lediglich ruhiges Beobachten ist erlaubt, selbst dann, wenn es geraume Zeit dauern sollte, bis die Nager ihren Unterschlupf endlich verlassen. Denn nur bei verständiger Pflege werden Ratten, Mäuse und Mongolische Rennmäuse rasch zahm und zutraulich. Falsches Handling, dazu gehört u. a. auch das Hochnehmen am Schwanz, beeinflusst die Tiere erheblich. Sie selbst werden das auch rasch bemerken, dann nämlich, wenn die Nager am Schwanz hochgehoben reflektorisch größere Mengen an Kot absetzen.

Das Abgeben einiger Kotpillen oder Urintröpfchen ist bisweilen auch bei den ersten Versuchen, die kleinen Nager auf den Arm zu setzen, zu beobachten. Es ist wie das so genannte Übersprungsputzen Ausdruck verstärkter Unsicherheit und verschwindet mit zunehmender Vertrautheit mit dem Pfleger wieder.

Wenn die neugierigen Kleinen dann endlich sichernd hervorlugen, um vorsichtig und vielleicht noch flach an den Boden gepresst ihr neues Zuhause zu erkunden, werden sie sich wahrscheinlich zunächst erst entlang der Käfigwände bewegen, rasch in eine Deckung huschen oder etwas Futter geschützt in einer Käfigecke zu sich nehmen. Mit der Zeit werden sie aber immer vertrauter mit den Geräuschen und optischen Eindrücken ihrer Umgebung und lassen sich dann so schnell nicht mehr aus der Ruhe bringen. Doch zu Beginn ihrer Haltung ist es nicht ungewöhnlich, wenn die Tiere bei kleinsten Störungen blitzartig in einem ihrer Verstecke verschwinden, um danach sofort wieder neugierig hervorzukommen. Bei den Mongolischen Rennmäusen ist dieses Verhalten übrigens besonders ausgeprägt.

So werden Nager handzahm

Der Einsatz von Futterbröckchen ist die allerbeste Eingewöhnungshilfe und mit etwas Geduld werden fast alle Nager rasch handzahm. Folgende Vorgehensweise hat sich sowohl bei den Mongolischen Rennmäusen als auch bei den Ratten und Mäusen gut bewährt:

1. In den ersten zwei bis drei Tagen machen Sie Ihre Tiere stets mit einem Lockgeräusch (Pfeifen, Zungenschnalzen o. Ä.) auf sich aufmerksam, bevor Sie den Käfig öffnen, um Futter hineinzustreuen bzw. eine Futterschale hineinzustellen.
2. Erst gegen Ende der ersten Woche bieten Sie Ihren Tieren dabei auch einen ruhig zwischen zwei Fingern oder auf der Handfläche gehaltenen Leckerbissen an. Erst wenn Ihre Kleinen das Leckerchen sicher entgegennehmen und sich rasch an einen ruhigen Platz im Käfig davonmachen, um dieses in Ruhe zu verspeisen, dürfen Sie allmählich damit beginnen, Ihre neuen Heimgenossen (im Käfig) vorsichtig zu streicheln oder hinter den Ohren und unter dem Kinn zu kraulen.
3. Lassen sich Ihre Tiere auch das gefallen, können Sie im Anschluss daran Ihre Hand – mit dem Handrücken nach unten – für eine Weile im Käfig belassen und geduldig abwarten, was geschieht. Haben Sie bis hierher alles richtig gemacht und Ihre Kleinen nie unsanft geweckt, indem Sie z. B. überraschend in den Käfig gegriffen haben, dann wird die neugierigen Nager höchstwahrscheinlich nichts mehr davon abhalten, Ihre Hand ausgiebig zu beschnüffeln und vielleicht sogar darauf zu klettern. Jetzt dürfen Sie auf keinen Fall eine ruckartige Bewegung machen oder das kleine Fellbündel aus dem Käfig herausnehmen wollen! Lassen Sie ihm unbedingt noch Zeit! Auf Ihre Hand zu klettern war bereits ein großer Vertrauensbeweis.
4. Nach ein paar Tagen solcher Vorübungen ist für die Tiere Ihre Hand im Käfig zur Selbstverständlichkeit geworden und Sie können dann den kleinen, auf Ihrer Hand sitzenden Nager vorsichtig hoch und aus dem Käfig nehmen. Will er bei diesem behutsamen „Aufzug-Fahren“ abspringen, dürfen Sie ihn nicht gewaltsam festhalten. Besser ist es, die Hand zu einem Grübchen zu

formen bzw. die andere Hand dazu zu nehmen und die Aufwärtsbewegung dabei etwas zu beschleunigen. So ist Ihr Kleiner abgelenkt und lässt sich diese Behandlung eher gefallen.

5. Haben Sie Ihr Ziel erreicht und halten den kleinen Nager außerhalb seines vertrauten Käfigs in Ihrer hohlen Hand, dann dürfen Sie nicht erschrecken, wenn er vielleicht einmal durch plötzliches und heftiges Scharren oder durch ruckartiges Pressen mit dem Köpfchen versucht, sich einen Ausgang zu schaffen. Bei den Mongolischen Rennmäusen sind derartige Verhaltensmuster anfangs recht häufig zu beobachten. Ratten und Mäuse dagegen zeigen dieses Verhalten seltener. Sie haben eher die Tendenz, von der Hand auf die Schulter, also nach oben, und nicht wie die Meriones nach unten zu „flüchten".

In einem solchen Fall ist behutsames Streicheln und ruhiges Zureden das Richtige. Verlangen Sie nicht gleich zu viel von Ihrem neuen Hausgenossen, sondern setzen Sie ihn nach kurzer Zeit wieder zurück in seinen Käfig. Wenn Sie einfühlsam genug vorgegangen sind, wird Ihr Kleiner dabei nicht hektisch in die nächstbeste Deckung stürzen, sondern langsam von Ihrer Hand absteigen, um sich nun, mit dem Näschen sichernd, wieder in seinem Heim zu orientieren.

Auf dem Transport hat sich übrigens die so genannte Endlos-Treppe gut bewährt, bei der der Nager zwischenzeitlich, ohne dass man ihn greifen muss, von einer Hand zur anderen klettern kann.

Einige Nagerhalter lehnen es übrigens ab, die Tiere mit Leckerbissen an sich zu gewöhnen. Wenn Sie ebenfalls keine Futterbrocken für die Eingewöhnung der Tiere einsetzen möchten, dann überspringen Sie einfach Punkt 2 der obigen Auflistung.

Sind Ihre Kleinen handzahm und lassen sich voller Zutrauen von Ihnen kraulen und streicheln, dann können Sie sie auch auf Ihren Armen und Schultern turnen lassen. Jeden Tag eine kleine Steigerung, dass macht den Nagern sicher großen Spaß. Ihnen freien Auslauf im Zimmer zu gewähren, ist allerdings erst dann ratsam, wenn die Tiere bereits mehrere Wochen bei Ihnen leben und sich sehr gut eingewöhnt haben.

Um nochmals darauf hinzuweisen: Die kleinen Nager bleiben nur dann zahm, zutraulich und anhänglich, wenn man sich re-

Mit einem Leckerbissen lässt sich so mancher Ausreißer wieder anlocken.

gelmäßig und ausgiebig mit ihnen beschäftigt und sie dabei ihren Bedürfnissen entsprechend behandelt. Dazu gehört z. B. auch, die Tiere nicht zum Kontakt zu drängen, wenn sie sich zurückziehen, um ungestört fressen oder schlafen zu können. Oder sie unsanft zu wecken, anstatt sie zunächst mit Geräuschen aufmerksam zu machen oder abzuwarten, bis sie von alleine erwachen. Ist es nicht viel schöner, den Nagern ruhig zuzuschauen, wenn sie nach einem geruhsamen Nickerchen herzhaft gähnend und mit „verknitterten" Ohren langsam zum Vorschein kommen, sich ausgiebig strecken, recken und putzen, um dann schließlich heftig mit dem Näschen schnuppernd in unsere Richtung zu eilen?

Ein Tier ist entwischt

Das Ungeschickteste, was Ihnen in den ersten Tagen der Nagerhaltung passieren kann, ist, dass ein Tier z. B. durch die Gitterstäbe hindurch entwischt. Trotzdem gilt es jetzt, nicht in Panik zu geraten, sondern ruhig und gelassen „Einfang-Maßnahmen" zu ergreifen. Es hat bei den kleinen flinken Nagern ohnehin wenig Sinn, sie durch Hinterherstürzen einfangen zu wollen. Sie sind einfach viel zu schnell und wendig. Außerdem, und das ist insbesondere bei der Behandlung von Mongolischen Rennmäusen unbedingt zu beachten, können die Tiere bei hektischen Einfangaktionen in Stressstarre verfallen, einen epileptischen oder Erstickungsanfall oder gar einen Herzinfarkt erleiden. Ganz abgesehen davon, dass derartige Vorgehensweisen Sie auf Ihrem Weg des Vertrautmachens der kleinen Nager erheblich zurückwirft.

Um den kleinen Freigänger nicht unnötig zu gefährden, sollten Sie zuallererst andere (erlaubterweise) frei laufende Haustiere wie Hunde oder Katzen aus dem Raum verbannen, Türen und Fenster schließen und auf keinen Fall größere Möbelstücke umrücken, solange Sie noch nicht wissen, wo sich der kleine Nager versteckt hält.

Dunkle Röhren üben nicht nur auf die Mongolischen Rennmäuse, sondern auch auf Mäuse und Ratten einen nahezu unwiderstehlichen Reiz aus. Das können Sie nutzen, indem Sie leere

Küchen- oder Toilettenpapierrollen o. Ä. an denjenigen Stellen auslegen, an denen Sie den kleinen Ausreißer vermuten. Auch sein Schlafhäuschen können Sie dort aufstellen. Ist der Kleine nach längerem Warten selbst mittels Leckerbissen in den vorbereiteten Verstecken nicht zum Hineinkriechen zu veranlassen, empfiehlt es sich, alle Verstecke sowie alles Fressbare beiseite zu schaffen, die Käfigtüre zu öffnen und zu hoffen, dass er allmählich Sehnsucht nach seinem vertrauten Heim bekommt. Damit die anderen Käfiggenossen währenddessen nicht auch noch das Weite suchen, müssen diese ausquartiert werden. Sind die Tiere noch nicht handzahm, bieten Sie auch diesen Papprollen o. Ä. an, in die sie zum Transport hineinkrabbeln können.

Erfahrungsgemäß zieht es den Flüchtigen nicht nur in den vertrauten Käfig, sondern auch zu seinen Artgenossen zurück. Deshalb sollten Sie diese, z. B. in den Transportkäfig gesetzt, in unmittelbarer Nähe der Nagerunterkunft platzieren. Stellen Sie sich aber darauf ein, dass Ihre Geduld beim nun folgenden Warten auf eine harte Probe gestellt werden kann.

Sind schließlich alle Tiere wieder friedlich vereint in ihrem Käfig untergebracht, dann gilt es, unbedingt den Durchschlupf des Ausflüglers ausfindig zu machen und abzusichern. Denn alle Nager haben ein hervorragendes Ortsgedächtnis und sie würden diesen Ausgang ohne Zögern für einen weiteren unerlaubten Freigang benutzen.

Vergesellschaftung sich fremder Tiere

Nager orientieren sich, wie bereits ausführlich besprochen, anhand von Duftinformationen. Außerdem haftet allen Tieren einer Gemeinschaft ein ganz spezifischer, gruppeneigener Geruch an. Gerade erwachsene Tiere aus einem anderen Rudel und mit einer anderen, also fremden Duftnote werden schnell entlarvt und als Eindringlinge behandelt. Solches Abwehrverhalten Gruppenfremden gegenüber kann in kleinen Rangeleien, aber auch in ernsten, ja sogar tödlichen Kämpfen enden. Es ist demnach nicht ratsam, sich unbekannte Tiere einfach in einem Käfig zusammenzusetzen.

Was aber kann man tun, um z. B. einem Einzeltier nach dem Tod seines Partners oder einem einzelnen „Notfall-Tier" dennoch einen Artgenossen zuzugesellen?

Hier einige erprobte Maßnahmen, die aber nicht zwingend von Erfolg gekrönt sein müssen:

- Zunächst sollten beide Nagerheime für ca. drei Tage dicht nebeneinander gestellt werden, damit sich die Tiere erst einmal geruchlich sowie optisch und akustisch kennen lernen können.
- Dann werden die Nager in die Unterkunft des jeweils anderen gesetzt, damit sie sich dort intensiv mit dem Duft des zukünftigen Käfiggenossen bekannt machen können.
- Auf neutralem Boden, also dort, wo noch keiner der beiden Nager sein Territorium abstecken konnte, sollte dann nach ungefähr zehn Tagen die erste Begegnung erfolgen. Für die Vergesellschaftung von Ratten wählen Sie am besten ein den beiden Tieren unbekanntes Zimmer, bei den Mongolischen Rennmäusen bzw. Mäusen einen fremden Käfig.
- Erst wenn die Tiere bei diesem Zusammentreffen über mehrere Stunden relativ friedfertig miteinander umgegangen sind, könnte auch eine dauerhafte Vergesellschaftung funktionieren. Ganz ohne Rangeleien und kleine Machtkämpfe wird das erste Beisammensein wahrscheinlich nicht ablaufen. Zeigen die Tiere aber ständig die vorne beschriebenen Angriffsstellungen und verbeißen sich schließlich heftig ineinander, dann ist Vorsicht geboten. Und das in zweifacher Hinsicht: Erstens müssen Sie die Kontrahenten unbedingt sofort voneinander trennen, bevor eines der Tiere ernsthafte Verletzungen davonträgt. Und zweitens sollten Sie dabei sicherheitshalber Schutzhandschuhe tragen. Ob ein weiterer Vergesellschaftungsversuch nach ungefähr einem Monat sinnvoll erscheint, müssen Sie in einem solchen Fall selbst entscheiden.
- Vertragen sich Ihre Tiere auf neutralem Boden gut miteinander, können Sie es wagen, diese in das vorher ausgiebig gesäuberte komfortable Nagerheim zu bringen. Am erfolgversprechendsten ist es natürlich, wenn die zu beziehende Unterkunft keinem der beiden Nager bekannt ist und deshalb nicht als eigenes Revier verteidigt zu werden braucht. Aber auch dort müssen

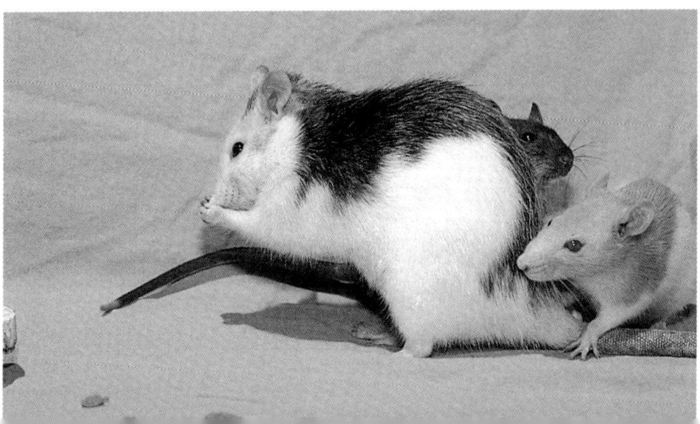

Erstes Treffen auf neutralem Gelände.

Sie während der nächsten Stunden, besser noch Tage, ein sehr wachsames Auge auf ihre Tiere haben. Denn die Klärung der Dominanzverhältnisse im alten/neuen Heim ist jetzt noch in vollem Gange.

Jungtiere aus verschiedenen Würfen, die noch nicht geschlechtsreif sind, können meist relativ problemlos und auch ohne die oben beschriebene stufenweise Aneinandergewöhnung zusammengesetzt werden. Ansonsten wählt man die schrittweise Methode der Vergesellschaftung.

Ein erwachsener Ratten-Bock kommt erfahrungsgemäß wesentlich rascher mit einem (männlichen) Jungtier zurecht als mit einem erwachsenen Männchen. Denn selbst nach behutsamster Aneinandergewöhnung kann es vorkommen, dass sich geschlechtsreife Böcke überhaupt nicht vertragen und sogar erbittert miteinander kämpfen. In solchen Fällen hilft dann nur die Kastration eines der Tiere.

Bei weiblichen Ratten bzw. Mäusen sind derartige Auseinandersetzungen viel seltener. Nach anfänglichen Rangeleien vertragen sich sogar erwachsene Tiere oft noch sehr gut miteinander. Erwachsene Meriones-Weibchen dagegen sind schwieriger zusammenzuführen. Hier sind es eher die männlichen Tiere, die sich für eine Vergesellschaftung eignen, sowohl im erwachsenen Alter als auch bei der Zusammenführung eines erwachsenen mit einem noch jungen, nicht geschlechtsreifen Tier.

Sollen erwachsene weibliche mit geschlechtsreifen männlichen (evtl. kastrierten) Tieren vergesellschaftet werden, scheint auch das bei Ratten und Mäusen problemloser zu funktionieren als bei den Rennmäusen. Denn es wird von Meriones-Weibchen berichtet, die nach vorübergehenden Zärtlichkeiten ihnen zugesellte Männchen getötet haben. Außerdem können bei der Zusammenführung von mehreren sich bekannten Rennmaus-Weibchen mit einem unbekannten Männchen plötzlich blutige Streitigkeiten zwischen den bis dato friedlich zusammenlebenden weiblichen Tieren auftreten.

Um den Eigengeruch der Nager zu minimieren bzw. zu überdecken und um mögliche Feindseligkeiten zu unterdrücken, reiben manche Rennmaushalter die Tiere, die sie vergesellschaften möchten, mit Duftölen wie Vanille, Anis o. Ä. ein. Einen Versuch ist diese Methode sicherlich wert.

Was tun bei scheuen oder bissigen Tieren?

Haben die Nager während ihrer Aufzuchtphase reichlich menschlichen Kontakt und werden ihnen darüber hinaus viele verschiedene positive Umweltreize geboten, gewöhnen sie sich meist rasch an Unbekanntes und werden auch schnell handzahm. Leben die Tiere aber gerade in dieser Zeit, die der Prägungsphase von Hunden nicht unähnlich ist, in einer sehr reizarmen Umgebung und haben sie während dieser kritischen Periode auch noch schlechte Erfahrungen mit dem Menschen gemacht, bleiben sie nicht selten ihr gesamtes Leben lang – selbst bei nun folgender intensiver und freundlicher Betreuung – zurückhaltender als ihre Artgenossen.

Aber auch dann, wenn die Nager eine „glückliche Jugend" hatten und vielleicht sogar schon zahm und zutraulich geworden sind, können sie sich uns gegenüber dennoch wieder entfremden und scheu oder sogar bissig werden. Dann nämlich, wenn wir sie vernachlässigen. Manchmal sind auch genetische Aspekte bei der Entwicklung solcher Verhaltensweisen mitbeteiligt. In der Regel liegt es aber an uns, ob unsere Nager zutraulich werden und dies auch bleiben können.

Haben Sie es nun, aus welchen Gründen auch immer, mit einem scheuen oder bissigen Tier zu tun, dann gilt es zunächst, das Vertrauen des kleinen Nagers (wieder) zu gewinnen. Um ein freundschaftliches Verhältnis mit solchen Tieren aufzubauen, benötigt es jedoch sehr viel Zeit und Geduld.

Umgang mit scheuen Tieren

Auch wenn es vielleicht unverständlich erscheinen mag: Einem scheuen Tier sollten Sie vorerst sämtliche Schlafhäuschen, Röhren usw. aus seinem Käfig entfernen, damit es sich nicht beim kleinsten Geräusch oder der geringsten Bewegung fluchtartig dorthin verkriechen kann, sondern nun gezwungen ist, sich mit seiner Umwelt, also auch mit Ihnen, auseinanderzusetzen.

Lassen Sie Ihrem Nager aber unbedingt genügend Zeit, sich an diese neue Situation zu gewöhnen, und greifen Sie niemals zu früh in den Käfig, um ihn zu streicheln oder herauszunehmen. Nur dann kann das scheue Tier erkennen lernen, dass sein Umfeld überhaupt nicht so bedrohlich ist, wie es zunächst den Anschein hatte. Und mit viel freundlicher Zuwendung, aber ohne jeglichen Zwang, wird es sich sicher bald bis an das Käfiggitter herantrauen. Jetzt können auch Sie sehr langsam positiven Körperkontakt mit Ihrem Tier aufnehmen und ihm so die Angst nehmen, von Ihren Berührungen könnten Gefahren ausgehen. Machen Sie dabei aber niemals hektische Bewegungen und hantieren Sie nicht „unangemeldet" an oder in seinem Heim.

Wenn Sie sich außerdem an das oben beschriebene Vier- bis Fünf-Punkte-Programm des Vertrautmachens mit einem Nager halten, dann wird Ihr Kleiner hoffentlich nach einiger Zeit relativ unbefangen auf Sie reagieren können und vielleicht sogar ohne Scheu auf Ihre zu Körbchen geformten Hände zulaufen, um hochgenommen zu werden.

Müssen die Tiere während der Gewöhnungsphase doch unbedingt einmal aus dem Käfig herausgenommen werden, dann dürfen Sie sie dabei natürlich auf keinen Fall mit den Händen greifen. Das würde sämtliche bisherigen kleinen Erfolge zunichte machen. Bedienen Sie sich deshalb wieder der Röhren, die ja nicht nur als Lockmittel beim Einfangen von flüchtigen Tieren eingesetzt werden können, sondern z. B. auch, um scheue Tiere aus dem Käfig zu nehmen, ohne sie anfassen zu müssen. Für Ratten müssen diese freilich etwas größer und dickwandiger sein als für die Mäuse und Rennmäuse.

Umgang mit bissigen Tieren

Eine weitaus größere Portion an Einfühlungvermögen und Geduld brauchen Sie dann, wenn Ihr Nager bissig ist.

Zunächst einmal gilt es herauszufinden, weshalb das Tier überhaupt zubeißt. Hat es Angst, Schmerzen oder will es einfach nur jetzt gerade in Ruhe gelassen werden?

Im letzteren Fall ist es ziemlich einfach, gegen das Beißen vorzugehen. Sie müssen lediglich diejenigen Situationen ausfindig

Sehr geehrte Leserin, sehr geehrter Leser,

Sie haben ein Buch aus unserem Verlag gekauft oder geschenkt bekommen.
Wir wünschen Ihnen viel Freude beim Lesen.
Ihre Meinung zu diesem Buch interessiert uns sehr.
Bitte schreiben Sie uns; wir freuen uns auf Ihre Antwort.

Titel des Buches: ______________________________

Meine Meinung zum Buch:

Auf Wunsch informieren wir Sie gerne regelmäßig über unsere Neuerscheinungen.
Bitte senden Sie uns dafür diese Karte, mit Ihrer Adresse versehen, zurück.
Auch Ihre Buchhandlung besorgt Ihnen gerne jedes Buch.

. . . .
Name

. . . .
Vorname

. . . .
Straße

. . . .
PLZ/Ort

Mit der Rücksendung dieser Karte erkläre ich mich damit einverstanden, daß meine Adresse in die Informationsdatei aufgenommen wird.

Wenn ich keine Informationen mehr wünsche, kann ich jederzeit eine Adreßlöschung verlangen.

Bitte
freimachen,
falls
Briefmarke
zur Hand

Antwort / Postkarte

Verlagshaus Reutlingen
Oertel + Spörer
Postfach 16 42

D-72706 Reutlingen

machen, in denen Ihr Tier nicht gestört werden will. Meist zeigt es dies durch Warn- oder Abwehrverhalten wie z. B. Trommeln mit den Hinterpfoten (Meriones), heftiges Schwanzschlagen (Mäuse) oder Fellsträuben bzw. Mäulchenaufreißen unmissverständlich an. Sie sollten dann sein Verhalten einfach tolerieren und seine Bedürfnisse akzeptieren.

Beißt das Tier nur, wenn es an bestimmten Körperstellen berührt wird und haben Sie außerdem den Verdacht, sein Allgemeinbefinden könnte sich verschlechtert haben, dann hat Ihr Nager vielleicht starke Schmerzen und sollte deshalb dringend von einem Tierarzt gründlich untersucht werden.

Der Aggression als Ursache von Bissigkeit beizukommen, ist natürlich ungleich schwieriger. Dennoch sollten Sie auch einem solchen Tier, das aus Furcht (angstinduzierte Aggression) oder seltener zur Verteidigung seines Territoriums zubeißt, unbedingt die Chance geben, sich doch noch mit Ihnen anzufreunden.

Freilich dürfen Sie hier nicht einfach Ihre Hand in den Käfig legen und abwarten, was geschieht. Das wäre natürlich viel zu gefährlich und brächte dem kleinen beißwütigen Nager nur die erneute Erfahrung, dass sich ein gebissenes „Tier" nach dem Angriff rasch zurückzieht bzw. aufschreiend um sich schlägt.

Mit einer dick mit Stoff ummantelten Hand dagegen können Sie Ihrem kleinen Beißer klarmachen, dass sich das Zubeißen nun nicht mehr lohnt. Denn seine Bisse haben jetzt weder Abwehr- noch Rückzugsreaktionen zur Folge, sondern sie werden im Gegenteil sogar mit stoischer Ruhe ertragen.

Um sich vor den Bissen des kleinen Nagers zu schützen, sollten Sie nicht einfach Ihre alten Lederhandschuhe überstreifen. Erfahrungsgemäß sind mit weichen und stark nach dem Betreuer duftenden Textilien wie einem alten Socken etwa, der zusammengeknüllt und wie ein zusätzlicher Finger vor der Hand platziert wird, eher Erfolge zu erzielen.

Wunder dürfen Sie aber trotzdem nicht erwarten! Denn selbst dann, wenn Ihr Nager während des Einsatzes dieser Methode schon bald weniger intensiv zubeißt, braucht diese positive Wendung trotzdem nicht von Dauer zu sein. Aber vielleicht haben Sie Glück, und Ihr verunsicherter Nager lernt, sich in Ihrer Gegenwart so gut zu entspannen, dass es ihm bald sogar möglich ist, ruhig und gelassen zu bleiben, wenn Ihre textilbewehrte Hand sanft über sein Fell streicht oder seine Wangen krault.

Angriffsverhalten bei Tieren abzubauen, benötigt sehr, sehr viel Zeit und es setzt beim Menschen großes Feingefühl voraus. Lassen Sie Ihrem Tier deshalb unbedingt genügend Zeit und gehen Sie nicht zu schnell vor! Erzwingen Sie nichts und beginnen Sie auch nicht zu früh damit, es mit bloßen Händen berühren oder gar festhalten zu wollen!

Verhält sich der kleine Nager mit der Zeit immer weniger angriffslustig und beißt schließlich überhaupt nicht mehr zu, wenn Sie Ihre Hand auf ihn zubewegen, können Sie damit beginnen, ihn in eine kleine Röhre klettern zu lassen und ihn darin aus dem Käfig zu nehmen. Zeigt er sich von diesem Unterfangen unbeeindruckt, können Sie sogar versuchen, ihn auf Ihrer nackten Hand oder Ihrem Arm umherlaufen zu lassen. Ohne ihn dabei zu berühren, darf er danach wieder in die Röhre zurückkrabbeln und in den Käfig klettern. Und mit zunehmender Zutraulichkeit des Tieres dürfen Sie schließlich dazu übergehen, ihm bei diesen kurzen Ausflügen auf Ihrem Körper auch sanft mit der nackten Hand über das Fell zu streichen.

Sollten Sie trotz geduldiger Bemühungen dennoch keinerlei Fortschritte erzielen können, dann bleibt Ihnen nichts anderes übrig, als zu respektieren, dass Sie es mit einem Tier zu tun haben, welches sich absolut nicht anfassen oder gar streicheln lassen will. Setzen Sie es dann nicht länger unnötigem Stress aus, sondern akzeptieren Sie es eben so wie es ist!

Bei richtiger Haltung und Pflege ist Bissigkeit bei Mongolischen Rennmäusen, Mäusen und Ratten aber überhaupt kein Thema. Wenn behutsam behandelte Nager trotzdem einmal zuzwicken, dann hat dies gewöhnlich ganz andere Gründe.

Ihnen Futter und Leckerbissen durch die Gitterstäbe zu reichen, ist ein solches vermeidbares menschliches Fehlverhalten, welches nicht selten zur Folge hat, dass die Tiere anschließend nicht nur zwischen den Stäben hindurchgesteckte Futterstückchen, sondern auch Fingerspitzen für fressbar halten. Die Tiere werden dann häufig zu Unrecht beschuldigt, unvermittelt gebissen zu haben. Gewöhnt man seine „Knopfaugen" aber erst gar nicht daran, durch die Gitterstäbe Futter zu bekommen, bleiben selbst unkontrolliert in den Käfig greifende Kleinkinder-Händchen meistens unbehelligt.

Außerdem sollten Sie vermeiden, mit nach Essbarem duftenden oder mit parfümierten Händen (Seife, Hautcreme usw.) nach den Nagern zu greifen. Die Tiere könnten diese Gerüche falsch interpretieren bzw. den Eigengeruch ihres Pflegers nicht mehr als bekannt identifizieren und würden dann womöglich einmal zukneifen.

Gerade sehr zutrauliche Ratten z. B. zwicken beim Freilauf gerne einmal in menschliche Zehen. Dieses Verhalten darf natürlich keinesfalls mit Beißen verwechselt werden, denn es ist vielmehr Ausdruck überschäumender Begeisterung und völligen Übermutes der Tiere. Werden auch Ihre „Ratzen“ allzu aufdringlich, dominieren Sie diese ganz einfach, indem Sie sie für einen Moment auf den Rücken, also in die Unterwerfungsposition drehen.

Und auch von sehr zahmen und lebhaften Meriones sind solche Übermutskniffe bekannt, die, werden sie zu heftig, durch kleine Zurechtweisungen wie behutsames Wegschubsen geahndet werden sollten.

Exklusive Beschäftigungsmöglichkeiten

Neben dem Klettern, Graben, Scharren und Nagen im Käfig, den sozialen Interaktionen zwischen den Gruppenmitgliedern und dem Freilauf im Zimmer, bei dem ständig Neues erkundet sowie auf dem Menschen herumgeklettert und gespielt werden kann, sollte man seinen Nagern möglichst noch weitere Beschäftigungsmöglichkeiten anbieten.

Da Jungtiere erheblich agiler und verspielter sind als erwachsene oder alte Tiere, werden gerade sie von solchen zusätzlichen Beschäftigungen besonders begeistert sein. Wie wäre es beispielsweise mit einem zwischen zwei Gegenständen gespannten dicken Seil oder einem schmalen Holzsteg, an dem Ihre Tiere entlang hangeln bzw. über den sie balancieren können, oder mit einer eigens für die Nager „gestifteten“ großen Grünpflanze, die sie erklimmen dürfen. An die Buddelkiste mit Sand bzw. (feuchter) Erde sei an dieser Stelle auch noch einmal erinnert.

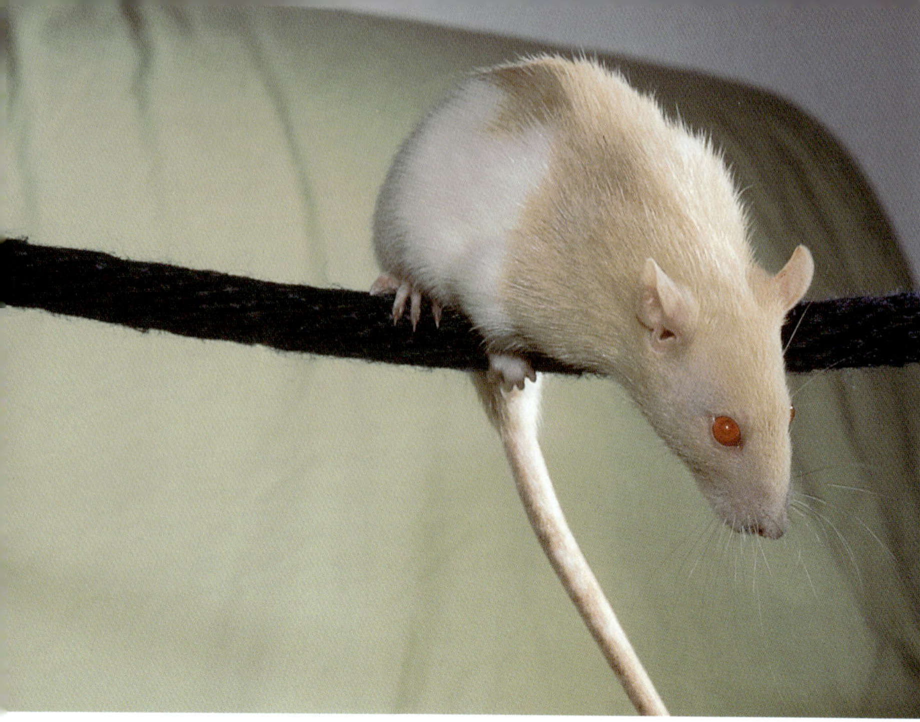

Das Balancieren auf einem Seil fördert die Geschicklichkeit.

Eine ganz exklusive Beschäftigungsmöglichkeit für Mäuse ist ein aus mehreren Etagen zusammengesetzter Kletterturm, der am günstigsten auf einem 50 bis 70 cm hohen Tisch aufgebaut wird. Da Mäuse nicht gerne in die Tiefe hinunterspringen, sind sie dort oben relativ sicher. Trotzdem darf man sie natürlich niemals unbeaufsichtigt auf einem solchen Tummelplatz spielen lassen.

Der Mäuse-Kletterturm sollte aus rutschfesten Materialien gebaut, mit einem Kantenschutz versehen und stabil genug sein, damit die kleinen Nager beim Umherturnen nicht gefährdet werden. Wenn Sie die verschiedenen Etagen mit mehreren Leitern, Seilen, Ästen, Röhren usw. miteinander verbinden und mit zahlreichen Spielutensilien wie Laufrädern, Verstecken u. Ä. ausstatten, wird ein solches Bauwerk sicher zum begehrten Aufenthaltsort dieser kletter- und bewegungsfreudigen Nager.

Sollten Ihre Tiere bestimmte Gegenstände der Kletterburg überhaupt nicht benutzen, dann ersetzen Sie diese einfach durch etwas anderes Fantasievolles. Und auch sonst sollten Sie darauf achten, ob sich die Tiere für einen zunächst regelmäßig genutzten Gegenstand plötzlich nicht mehr interessieren. In einem solchen Fall entfernen Sie das Utensil aus dem Käfig und präsentieren es erst nach einigen Tagen bzw. Wochen wieder. Sie werden sehen, es ruft jetzt erneut Begeisterung hervor. Manchmal hilft bei Desinteresse auch schon die Montage an einer anderen Käfigstelle.

Auch ein Labyrinth aus vielen ineinander verschachtelten und z. T. blind endenden Gängen können Sie Ihren Nagern bauen. Da Ratten, Mäuse und Rennmäuse aufgrund ihrer Lebensweise mit engen Gangsystemen bestens vertraut sind, zeigen sie hierbei natürlich eine hohe Lernbereitschaft und sicherlich auch viel Freude. Eine kleine Schüssel mit Belohnungshappen am Ziel aufgestellt – und Ihre Tiere werden zu Höchstleistungen angespornt. Trotzdem: Sie dürfen Ihre Nager natürlich niemals zu bestimmten

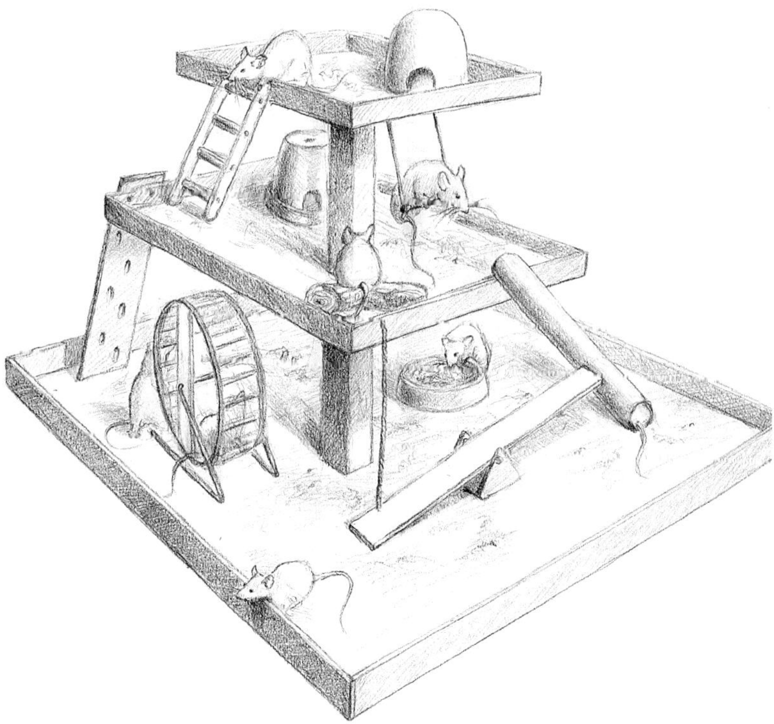

Ein Mäuse-Kletterturm.

Leistungen oder Verhaltensweisen zwingen. Spaß soll es machen, den Nagern und Ihnen!

Ihre neugierigen „Geruchsspezialisten" werden sicher begeistert suchen und auch rasch fündig werden, wenn Sie ihnen bei einem Freilauf im Zimmer oder auf der Mäuseburg verlockend duftende Leckerbissen verstecken, unter einer kleinen leichten Pappschachtel etwa oder in einem umgestülpten Blumentöpfchen mit ausreichend großen Öffnungen. Selbst in eine Astgabel können Sie Leckerbissen wie Sonnenblumen- oder Kürbiskerne hineinklemmen. Das ist interessant, beschäftigt Ihre Kleinen und fördert ihre geistige Leistungsfähigkeit sowie ihr Problemlöseverhalten.

Gerade Ratten sind auch begeistert dabei, wenn es gilt, Dinge von einem Versteck in ein anderes zu schaffen. Ein Korb voll Walnüsse ist bald geleert, wobei die Nüsse an einem dunklen Sammelplatz sorgsam wieder zusammengetragen werden. Beobachten Sie Ihre Ratten öfter einmal dabei, wie Sie voller Arbeitseifer eine Nuss nach der anderen geschickt mit den Nagezähnen greifen und mit einer ganz charakteristischen – und bei sämtlichen Zuschauern regelmäßig zum Lacherfolg führenden – hopsenden Fortbewegungsweise eilig abtransportieren. Übrigens kann man das bei dieser Bewegungsart auftretende Geräusch auch sehr gut mit den Händen auf den Boden klopfend nachahmen und so seine Rattenschar zu sich locken.

Auch das „Apfel-Kullern" ist bei Ratten ein beliebtes Spiel. Unsere Husky-Ratte „Bella" beherrscht dieses Spielchen perfekt und rollt manchmal mit enormer Ausdauer und von spielerischem Hopsen begleitet einen solchen Mini-Apfel kreuz und quer durchs Zimmer, bis sie ihn schließlich aufnimmt, um ihn in ein sicheres Versteck zu schleppen. Es soll sogar Ratten geben, die mit großer Euphorie kleine, direkt vor sie hin gepustete Seifenblasen mit den Vorderpfötchen fangen und zerplatzen lassen.

Untertauchen in einem großen Wäscheberg ist bei Ratten wie Mongolischen Rennmäusen ebenfalls eine beliebte Freizeitbeschäftigung. Steht einer der „nagenden Freigänger" einmal auf der Vermisstenliste, dann sucht man ihn am besten zuerst an solch einem kuscheligen Plätzchen.

Ob Mäuse, Mongolische Rennmäuse oder Ratten, jede Nagerart hat ihre eigenen Charakteristika und Verhaltensmerkmale. Aber auch jedes Einzeltier hat seine Vorlieben, Abneigungen, Ticks und Liebenswürdigkeiten. Es gibt ausgesprochen lebhafte und neugierige, ebenso wie eher ruhige und abwartende Typen oder Faulpelze, „Vielfraße“, Eigenbrötler und solche, die immer mitten im Geschehen sein wollen.

Ebenso wird es immer Nager geben, die freudig auf Ihre neuen Spielideen eingehen, während andere diese völlig ignorieren. Und es wird Tiere geben, die rasch zahm und sehr anhänglich werden, und solche, die trotz behutsamster Behandlung zeitlebens etwas scheuer bleiben als andere.

Besonders unter den Ratten findet man richtige Individualisten. So gibt es Tiere, die sich sehr gerne streicheln und kraulen lassen, beim Freilauf aber immer nur kurzzeitig Kontakt zum Menschen aufnehmen. Andererseits findet man Tiere, die von Streicheleinheiten und vom wilden Balgen mit dem Zweibeiner nicht genug bekommen und regelrecht lästig werden können.

Gerade diese Verschiedenartigkeit der einzelnen Individuen ist es, die ihren großen Reiz ausmacht. Nicht zuletzt deswegen sollten Sie jedes ihrer Tiere so nehmen, wie es ist, und niemals versuchen, es krampfhaft und nach Ihren eigenen, menschlichen Vorstellungen verändern zu wollen. Gönnen Sie jedem Einzeltier gerade den Freiraum, den es benötigt, dann wird Ihr Zusammenleben mit diesen kleinen Hausgenossen mit Sicherheit zu einem wirklich faszinierenden Erlebnis werden.

Ernährung

Wasserbedarf

In Anpassung an die Extrembedingungen ihres Lebensraumes können **Rennmäuse** auch mit relativ wenig Flüssigkeit und kurzzeitig sogar ohne Trinkwasser auskommen. Eine Haltung nur mit reichlich Frischfutter anstelle von Wasser scheint ihrer Gesundheit dennoch nicht förderlich zu sein. Da sich in den für diese wühlfreudigen Nager besonders gut geeigneten Glas-Unterkünften die praktischen Trinkflaschen aber nur schwer und ausschließlich mit selbstkonstruierten nagesicheren Aufhängevorrichtungen zweckmäßig anbringen lassen, verwenden viele Rennmaus-Halter auch kleine standsichere und auf erhöhten Ebenen aufgestellte

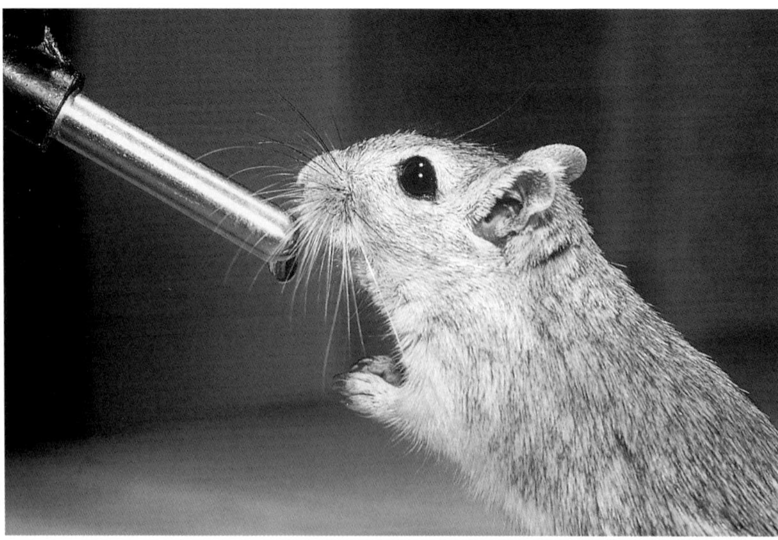

Eine praktische Lösung: Wasserflaschen. Hier eine Kugelventil-Tränke.

Trinknäpfe, welche dann täglich gesäubert und mit frischem Trinkwasser aufgefüllt werden.

An Gitterstangen sind Trinkflaschen natürlich kinderleicht zu befestigen und sollten deshalb auch verwendet werden. Es sind verschiedene Flaschentypen im Handel wie Nippel- oder Kugelventil-Flaschen sowie Glassaugrohr-Tränken. Damit die Tiere trotz gefüllter Wasserautomaten aber nicht dennoch Durst leiden müssen, sollten Sie gerade bei dem letztgenannten Flaschentyp darauf achten, dass während des Wasserableckens auch wieder genügend Luft in die Trinkflasche nachströmen kann.

Ratten und **Mäuse** benötigen anders als die Mongolischen Rennmäuse insbesondere in den Sommermonaten relativ viel Trinkwasser. Ihre Tränken sollten deshalb mindestens einmal wöchentlich gründlich mit heißem Wasser gereinigt und mit frischen Leitungswasser aufgefüllt werden.

Futter

Auch für die kleinen Nager sind Eiweiße (= Proteine, 15–22%) zum Aufbau und zur Regeneration ihrer Körpersubstanzen sowie Kohlenhydrate (48–60%) und Fette (3–5%) zur Bereitstellung von Energie für ihren Stoffwechsel die wichtigsten Futterbestandteile. Bei den Fetten sind es insbesondere die fettlöslichen Vitamine und die lebensnotwendigen (essentiellen) Fettsäuren, auf die die Nager unbedingt angewiesen sind. Diese Stoffe sind hauptsächlich in ölhaltigen Sämereien wie Sonnenblumen- oder Kürbiskernen und in den verschiedensten Nussfrüchten enthalten. Kohlenhydrate und pflanzliche Eiweiße kommen in hoher Konzentration in Getreidekörnern und Sonnenblumenkernen vor, tierische Eiweiße zum Beispiel in Quark, Käse oder Insekten.

Um gesund und leistungsfähig zu bleiben, benötigen Ratten, Mäuse und Rennmäuse neben fettlöslichen auch wasserlösliche Vitamine – außer Vitamin C, welches sie selbst produzieren können – sowie genügend Mineralstoffe und Spurenelemente. In ausreichender Menge sind diese Futterbestandteile in Getreide, frischem Gemüse und Gräsern enthalten.

Mangelerscheinungen oder ernährungsbedingte Erkrankungen treten eigentlich nur dann auf, wenn das Futter recht alt ist (z. B. starker Vitaminverlust) oder bereits verdorben (z. B. durch Schimmelpilzgifte wie Aflatoxinen) und wenn nicht vielseitig genug bzw. unausgewogen gefüttert wird. So gehören auf den Nager-Speiseplan zum Beispiel keinesfalls geräucherte Wurstwaren, stark gewürzte Essensreste oder Schokolade und andere Süßigkeiten!

Mittlerweile findet man in gut sortierten Zoofachgeschäften neben speziellen Futtermischungen für Hamster, Kaninchen oder Meerschweinchen auch solche für Mäuse, Heimtierratten und Rennmäuse. Die verschiedenen Futtermischungen sind in der Regel exakt auf die Bedürfnisse der einzelnen Tierarten abgestimmt und brauchen als so genannte Komplett-, Voll- oder Alleinfutter eigentlich nicht weiter ergänzt zu werden. Ab und zu ein Stückchen Apfel, ein Bröckchen hart gekochtes Ei oder z. B. ein Jogurtdrop kann aber sicherlich nicht schaden. Ein in Zusammenarbeit mit dem VdRD speziell für Ratten zusammengestelltes Hauptfutter ist ebenfalls erhältlich.

Möchten Sie das Nagerfutter selbst zusammenmischen, dann benötigen Sie für Ihre Tiere neben einer geeigneten Körnerfuttermischung zusätzlich frisches Grün- und gelegentlich auch etwas Frischfutter (s. u.).

Genügend harte Knabberartikel (Körnerpresslinge, Nagerkräcker, Hundekuchen usw.) zum Abschleifen der Schneidezähne sind natürlich für alle Nager, auch für diejenigen, die ansonsten mit einem Alleinfutter ernährt werden, außerordentlich wichtig.

Geeignete Körnerfuttermischungen

Für ein selbst zusammengestelltes Nager-Menü brauchen Sie zunächst ein Grundfutter, welches in der Hauptsache ganze Getreidekörner wie Hafer (ohne Spelzen!), Weizen, Hirse und Gerste enthalten sollte. Etwas Leinsaat, Buchweizen und Hanf sowie kleine Mengen an Dinkel, Mais, unpoliertem Reis und Haferflocken können Sie einer solchen Grundmischung ebenfalls beifügen. Eine überwiegende Flockenfütterung ist ernährungsphysiologisch und auch im Hinblick auf die ständig nachwachsenden Nagezähne der Tiere nicht zu empfehlen.

Zutaten für Körnerfuttermischungen kaufen Sie ebenso wie alle anderen für die Ernährung der Nager benötigten Produkte am besten bei einem Biobauern oder im Reformhaus. Denn Sie sollten nicht nur sich selbst, sondern auch Ihren Heim- und Haustieren die Aufnahme von beispielsweise chemischen Pflanzenschutzmitteln möglichst ersparen. Dass gerade unbehandelte Nahrungsmittel unbedingt kühl, trocken, dunkel und vor Schädlingsbefall geschützt aufbewahrt werden müssen, ist selbstverständlich.

In welchen Mengenverhältnissen Sie die einzelnen Getreidesorten mischen sollten, hängt u. a. auch davon ab, wie Ihre Tiere die verschiedenen Körnerfrüchte vertragen. Denn bei den Nagern gibt es neben Eiweiß-Allergien insbesondere bei den Mäusen auch Allergien in Form von nässenden und juckenden Hautveränderungen vornehmlich im Gesichtsbereich z. B. nach häufigem Weizenverzehr. Ähnliche Hautprobleme können auch bei Ratten nach vermehrter Aufnahme von Saaten oder Nüssen auftreten. Es versteht sich von selbst, dass bei den betroffenen Tieren (und allen ihren Käfiggenossen) auf die Verfütterung der die Erkrankung verursachenden Getreide- bzw. Fruchtart verzichtet werden bzw. im Falle von Unverträglichkeiten bei käuflichen Produkten auf eine andere Vollfutter-Mischung umgestellt werden muss.

Grün- und Frischfutter

Als Grün- und Frischfutter eignen sich ungespritzes Obst und Gemüse wie Äpfel, Birnen und Karotten, außerdem Äste und Zweige von unbehandelten Obstbäumen oder Weiden und ein paar saftige Grashalme oder Getreidesprossen. Kohl darf nicht gefüttert werden, da er rasch zu starken Blähungen führen kann.

Unsere Mäuse lieben auch Weintrauben und gedünstete Pfirsiche, während die Ratten mehr auf Rosinen, Bananen und gekochte Kartoffeln oder Vollkornnudeln stehen. Die langen Spagettis haben es ihnen dabei ganz besonders angetan und dem genüsslichen Schmausen geht meist ein für uns Zweibeiner sehr erquickliches Nudel-Tauziehen unter den „Ratzen“ voraus. Unsere Meriones bevorzugen Nudeln dagegen in getrocknetem Zustand und sie nehmen neben Gräsern, Zweigen und Ästen auch Salatgurken gerne an.

Futtermischungen in großer Auswahl.

Diese junge Ratte hat die Qual der Wahl.

Ein Stückchen hart gekochtes Ei ist immer ein geschätzter Leckerbissen.

Eine zu reichliche Grünfütterung kann bei empfindlichen Tieren zu Durchfallerkrankungen führen. Bemerken Sie bei Ihren Nagern breiigen Kot, dann sollten Sie als erste Maßnahme ein bis zwei Tage auf die Verfütterung von Obst und Gemüse verzichten.

Anders als beispielsweise Meerschweinchen benötigen insbesondere **Ratten** und **Mäuse** alle zwei bis drei Tage einen gewissen Anteil tierischen Eiweißes wie ein kleines Stückchen Käse, etwas Quark, Naturjogurt oder hart gekochtes Hühnerei. Auch ein paar kleine Bröckchen Trockenfutter-Pellets für Hunde, die besonders von den Ratten sehr gerne angenommen werden, eignen sich als zusätzliche Proteinlieferanten. Wegen seines ausgesprochen hohen Eiweißgehaltes sollten Sie jedoch auf Welpenfutter verzichten und stattdessen Senior-Nahrung mit höchstens 17 % Eiweißgehalt wählen.

Die **Mongolischen Rennmäuse** brauchen für ihre Gesunderhaltung ebenfalls genügend Proteine. Ihnen kann man außer mit winzigen Mengen gekochten Eies oder Quark, mit maximal vier Mehlkäferlarven pro Woche (und Tier) eine große Freude bereiten. Die auch als Mehlwürmer bezeichneten Insektenlarven bekommen Sie in jedem guten Zoofachgeschäft, sogar in den für Sie als Nagerhalter ausreichenden Kleinstmengen.

Auch viele Ratten fressen sehr gerne Mehlwürmer. Dies kann man sich gerade während ihrer Trächtigkeit und der Säugeperiode zunutze machen, indem man sowohl Ratten- als auch Rennmaus-Weibchen nun etwas reichlicher mit diesen besonders hochwertigen Eiweiß-Lieferanten und außerdem z. B. mit kleinen Mengen vitamin- und mineralstoffreicher Katzen-, Hunde- oder Baby-Heilnahrung versorgt.

Neben trächtigen oder säugenden Nager-Weibchen benötigen auch Jungtiere während ihres Wachstums und ihrer Entwicklung erhöhte Mengen an Vitaminen, Mineralstoffen und Eiweißen im Futter. Deshalb empfiehlt sich auch für sie eine gezielte Nahrungsergänzung: bei Mäusen bis ungefähr zu ihrer siebten, bei Meriones und Ratten bis zu ihrer zwölften Lebenswoche.

Dass gerade Eiweiße im Stoffwechsel von Nagetieren eine bedeutende Rolle spielen, zeigten Untersuchungen an Laborratten, bei denen nach unzureichender Proteinzufuhr neben einer leicht verzögerten körperlichen Entwicklung eine erheblich verminderte Intelligenz bei den Jungtieren zweier Folge-Generationen nachgewiesen werden konnte.

Trotzdem: Man darf auch nicht des Guten zu viel tun, denn insbesondere Ratten reagieren auf die Verfütterung zu großer Mengen an eiweißhaltiger Nahrung nicht selten mit allergischen und stark juckenden Hautveränderungen. Außerdem vermutet man, dass auch eine erhöhte Neigung z. B. zu Nieren- oder Krebserkrankungen infolge übertriebener Eiweißfütterung besteht.

Leckerbissen und Nageutensilien

Obwohl wild lebende Jungtiere meist nur das Futter zu sich nehmen, von welchem auch die Älteren im Rudel fressen, verweigern manche unserer Heimtiernager ganz bestimmte Futtersorten selbst dann, wenn die anderen Sippenmitglieder diese gerne fressen. Oder sie entwickeln bei dem reichhaltigen Futterangebot einfach besondere Vorlieben. Nicht selten „klauben“ sie sich dann nur ihre Lieblingsstückchen aus dem Futter heraus und lassen den Rest unbeachtet. Von vielseitiger und ausgewogener Ernährung kann dann nicht mehr die Rede sein. Da gerade fetthaltige Sämereien wie Sonnenblumenkerne oder Nüsse sehr beliebt sind, kann es zudem rasch zu Fettleibigkeit und Übergewicht bei den kleinen Nagern kommen.

Aus diesem Grund sollten Sie Nüsse, Sonnenblumen- und Kürbiskerne, aber auch die begehrten Jogurt- und Vitamindrops nur sparsam verfüttern und diese möglichst nicht zusammen mit dem Grundfutter, sondern nur ab und zu und als Leckerbissen an Ihre Tiere verteilen. Hasel- oder Walnüsse können Sie den geschickten Nagern natürlich auch in der Schale geben, dann haben Ihre Kleinen zusätzlich noch etwas Beschäftigung. Und bei sonst ungeliebten Sämereien hilft manchmal auch das Keimen, um die Leckermäuler doch noch zum Fressen zu „überreden".

Die zahlreich im Handel für Nager angebotenen Knabberartikel und Körnerpresslinge werden ebenso wie Hundekuchen, hart getrocknetes Vollkornbrot, Vollkornzwieback oder Knäckebrot immer gerne angenommen und meist auch sofort unermüdlich bearbeitet. Heu dient in der Regel als Nistmaterial, wird aber auch gefressen. Kolbenhirse ist ebenfalls sehr beliebt.

Mit dem gebotenen winzigen Sicherheitsabstand dicht nebeneinander vor einem solchen Leckerbissen aufgereiht, knabbern unsere Rennmäuse bzw. Mäuse nicht selten mehrere Minuten lang genießerisch Samen für Samen vom Kolben ab, bevor sie sich schließlich ausgiebig putzen, ein paar Schlucke trinken oder gemütlich an einem Schlafplätzchen zusammmenkuscheln. Bei den Ratten wird ein Leckerbissen dieser Größe dagegen meist von einem Einzeltier eilig abtransportiert und erst dann einem anderen Gruppenmitglied überlassen, wenn genügend davon verzehrt worden ist.

Ob bei ansonsten ausgewogener und vielseitiger Ernährung ein Mineralleckstein erforderlich ist, darüber gehen die Meinungen auseinander. Meistens entscheiden die Tiere sowieso selbst darüber, denn entweder sind sie von derartigen Produkten absolut begeistert oder sie rühren diese erst gar nicht an. Ein kleines Stückchen Knochen (ohne Fleisch!) ist dagegen immer willkommen und erfüllt ja fast denselben Zweck. Wovon mit Sicherheit eben-

Kolbenhirse ist bei allen Nagern sehr beliebt.

falls alle Ihre Nager entzückt sein werden, sind „Nagerzapfen" und „Nagertaler", zwei Leckereien nach Hausmacherart.

Rezept für Nagerzapfen:

- 1 EL Rosinen, ungeschwefelt
- 1 EL Sonnenblumenkerne, ungeschält
- 1 Ei
- 30 g Dinkel-Vollkornmehl
- 50 g Haferkörner
- 50 g Gerstenkörner
- 1 EL Haferflocken
- Wasser

Zutaten gründlich vermischen, in Kiefern- oder Fichtenzapfen eindrücken und im Backofen bei 100 °C ca. 30 Minuten backen.

Rezept für Nagertaler:

- 50 g Weizenkörner, in Wasser gequollen
- 150 g Vollkorn-Haferflocken
- 20 g Hirse
- 20 g Sesam, ungeschält
- 2 Karotten, geraspelt
- 1 Ei
- Wasser

Zutaten gründlich vermischen, zu einer Rolle formen und in dünne Scheiben schneiden. Im Backofen bei 175 °C ca. 10 Minuten ausbacken. Die Scheibchen lassen sich auch gut einfrieren.

Wie viel soll gefüttert werden?

An Laborratten konnte gezeigt werden, dass zu reichliche Futterzufuhr ihre Lebensdauer erheblich verkürzt. Dabei wurden die Tiere umso älter, je knapper ihre tägliche Futterration bemessen war. (Mit knapp ist freilich nicht Mangelversorgung gemeint.)

Neben unausgewogener Ernährung oder einer bei manchen Inzuchtstämmen geförderten und vererbten Krankheitsanfälligkeit kann demnach auch ein überhöhtes Futterangebot daran Schuld sein, dass manche unserer kleinen Heimtiere ein nur sehr geringes Lebensalter erreichen.

Heimtierratten sind ebenso wie Heimtiermäuse und Mongolische Rennmäuse meistens etwas größer und schwerer als die Wildformen. Dennoch sollten auch sie immer so schlank wie möglich gehalten werden. Ausgewachsene Ratten-Böcke sollten zwischen 350 und maximal 600 g, Ratten-Weibchen zwischen 250 und 400 g wiegen. Das Idealgewicht von Meriones-Männchen liegt zwischen 80 und 110 g, das ihrer Weibchen zwischen 70 und 100 g. Und die kleinen Mäuse schließlich sollten zwischen 20 und 40 g schwer sein.

Meriones und Mäuse benötigen ungefähr 5–8 g Körnerfutter pro Tag und Tier, also etwa einen gut gehäuften Teelöffel voll. Ratten brauchen mit zirka zwei (gestrichenen) Esslöffeln pro Tag und Tier schon etwas mehr Grundfutter aus Getreidekörnern.

Sind der Napf oder die Futterplätze, an denen Sie das Körnerfutter ausgestreut haben, täglich leer gefressen, ohne dass die Tiere gleichzeitig an anderen Stellen und in Verstecken große Vorratslager angelegt haben, dann können Sie die Tagesration leicht erhöhen. Bei Grün- und Feuchtfutter ist aus den oben genannten Gründen bei der Erhöhung der Ration Zurückhaltung geboten.

Futteraufnahme

Auch wenn manche Nager gelegentlich um einen Nahrungsbrocken rangeln oder sich begehrte Leckerbissen gegenseitig „abluchsen“, so beweisen sie doch bei der eigentlichen Nahrungsaufnahme erstaunlich gute „Essmanieren“.

Zunächst nehmen die Tiere einen Nahrungsbrocken sehr geschickt mit den Vorderpfötchen auf und raspeln, während sie dabei bequem auf den Hinterpfoten sitzen, mit den Schneidezähnen Stückchen für Stückchen davon ab. Danach kauen sie jeden Bissen mit den Backenzähnen gründlich durch, bevor sie ihn schließlich abschlucken. Dies alles geschieht keineswegs hastig, sondern man möchte fast sagen, genüsslich.

Dünnflüssige Nahrung wie Jogurt oder cremiger Speisequark wird meist ohne Zuhilfenahme der Pfötchen nur mit der Zunge schnell aus der Futterschale herausgeleckt. Geraten Schnäuzchen und Vibrissen oder die Pfoten dabei allzu tief in die Leckerei, werden sie sofort zurückgezogen und danach kurz und kräftig geschüttelt. Im Anschluss an die Aufnahme flüssiger Nahrung aus einem Näpfchen erfolgt stets ein sehr ausgiebiges Putzen der Pfoten sowie des Gesichtes und der langen Tasthaare.

So bleiben die Nager gesund

Artgerechte Haltung und Pflege sowie vielseitige und ausgewogene, aber eher sparsame Ernährung sind die allerbeste Krankheitsvorbeugung. An dem glänzenden Fell, den klaren Knopfaugen und dem aufgeweckten und munteren Verhalten können Sie dann auch leicht feststellen, ob es Ihren kleinen Hausgenossen gut geht.

Zu einer nagergemäßen Haltung zählen auch die Vorbeugung vor Infektionen durch Vermeidung von Zugluft, feuchter oder stark staubender Einstreu, die Verhinderung von Verletzungen durch richtige Behandlung beim Greifen und beim Freilauf sowie durch eine geeignete Käfigausstattung und die Vermeidung ernährungsbedingter Mangelerscheinungen. Außerdem gehört zur artgerechten Pflege die regelmäßige Reinigung der Futterschalen und Trinkwassergefäße sowie die Überwachung der Futtervorräte der Tiere.

Gerade Feuchtfutter muss täglich kontrolliert werden, denn es fault oder schimmelt schnell und kann der Gesundheit der Nager dann erheblich schaden. Ist viel Grün- oder Frischfutter übrig geblieben, entfernen Sie dieses und geben in den nächsten Tagen etwas weniger davon. Schauen Sie auch in den Schlafhäuschen, Röhren u. Ä. nach, denn Ratten, Mäuse und Rennmäuse sind leidenschaftliche Vorratshalter, die bisweilen recht große Futtermengen in den verschiedensten Verstecken horten.

Aber nicht nur das leicht verderbliche Frischfutter muss kontrolliert werden, sondern auch die haltbaren Getreidevorräte. Da die kleinen emsigen Markierer neben den Einrichtungsgegenstän-

Das obligatorische Sandbad wird häufig zur Toilette oder zum Samenlager umfunktioniert.

den ihres Käfigs gelegentlich ihre Nahrung, also auch das Trockenfutter, mit Kot und Harntröpfchen kenntlich machen, kann dieses in angefeuchtem Zustand ebenso wie Feuchtfutter rasch zu schimmeln oder zu gären beginnen. Darmstörungen und andere Infektionskrankheiten können die Folge sein, wenn die Tiere größere Mengen von solchem Futter fressen. Deshalb sollten Sie umfangreiche Trockenfutterlager ebenfalls räumen und die Rationen etwas kürzen.

Sandbad

Um ihr Fell sauber und geschmeidig zu halten, nehmen **Mongolische Rennmäuse** gerne Sandbäder. Daher sollten auch Sie Ihren Heimtieren Sand, am besten Chinchilla- oder Vogelsand, für die Körperpflege zur Verfügung stellen. Eine glasierte, ungefähr 5 cm hohe Tonschale eignet sich für ein solches Sandbad besonders gut. Damit die Tiere beim genießerischen Reiben und Wälzen im Sand auch genügend Platz finden, sollte die Schale einen Durchmesser von rund 25 cm haben.

Da manche Rennmäuse ein Sandbad nicht nur zur Körperpflege, sondern häufig auch als Toilette benutzen, ist es ratsam, den Sand alle zwei bis drei Tage auszutauschen und das Gefäß dabei gründlich zu säubern. Auch wenn ein solches Verhalten der Rennmäuse zunächst mit erheblicher Mehrarbeit für den Menschen verbunden zu sein scheint, so ist gerade das Gegenteil der Fall: Dadurch, dass die Tiere Kot und Harn hauptsächlich im Sandbad absetzen, wird eine Generalreinigung des Meriones-Heimes wesentlich seltener fällig.

Und schließlich erfüllt ein Sandbad noch eine weitere Funktion für die Rennmäuse und kann dann sogar ernährungsbedingten Mangelerscheinungen entgegenwirken. Denn bei Bedarf nehmen die Tiere ganz gezielt die insbesondere dem Vogelsand zugesetzten Mineralien wie Futterkalk auf und verzehren diese. Ein Sandbad ist für das Wohlbefinden der Meriones demnach wirklich unentbehrlich.

Erkrankungen

Stress infolge falschen Handlings, schlechter Haltungsbedingungen (z. B. Zugluft) und falscher Ernährung kann bei den kleinen Nagern rasch zu ernsthaften Erkrankungen führen. Wahrscheinlich auch aufgrund ihrer nachgewiesenermaßen weniger leistungsfähigen, unspezifischen Immunabwehr reagieren Mäuse am schnellsten und nachhaltigsten auf derartige Einflüsse. Ratten, aber vor allem die Mongolischen Rennmäuse scheinen etwas widerstandsfähiger und robuster zu sein. Trotzdem müssen natürlich auch sie unter allen Umständen artgerecht gehalten, versorgt und gepflegt werden.

	Ratte	Maus	Mongolische Rennmaus
Körpertemperatur in °C	36,5–37,9	37,2–38,7	38,1–38,6
Atemzüge/min	80–140	120–200	70–120
Herzschläge/min	280–450	320–780	360–420

Tabelle 3: Einige physiologische Daten von Ratten, Mäusen und Rennmäusen.

Wird Ihr kleiner Nager trotz aller Vorkehrungsmaßnahmen und sorgfältiger Pflege doch einmal krank und muss zum Tierarzt gebracht werden, dann achten Sie bitte unbedingt darauf, dass er auf dem Transport sicher untergebracht, warm gehalten und vor Zugluft geschützt wird. Eine leichte Decke über den Transport- oder Krankenkäfig gelegt, leistet hier sehr gute Dienste.

Atemwegsinfekte

Zugluft ist eine der häufigsten Ursachen für Erkrankungen der Atemwege bei Mäusen, Ratten und Rennmäusen. Aber auch Bakterien, Viren und andere Erreger wie die gefährlichen und für die

Tiere hochansteckenden Mykoplasmen können Atemwegsinfekte hervorrufen.

Katarre machen sich durch starken Ausfluss aus der Nase, häufiges Niesen und rasselnde, knackende oder keuchende Atemgeräusche bemerkbar. Aus leichten Erkältungssymptomen, die sich auch durch Bestrahlen der Nager mit einer Wärmelampe nicht innerhalb von maximal zwei Tagen wesentlich bessern, können bei den kleinen Tieren äußerst hartnäckige oder chronische Beschwerden entstehen. Liegen solchen Symptomen z. B. Infektionen mit *Mycoplasma pulmonis* zugrunde, dann kann die Erkrankung sogar tödlich verlaufen, vor allem dann, wenn die betroffenen Nager durch Sekundärinfektionen zusätzlich geschwächt sind.

Zeigt nur ein einzelnes Tier innerhalb einer Käfiggemeinschaft Krankheitsanzeichen – zu denen neben den oben genannten außerdem Mattigkeit, Teilnahmslosigkeit, stark gekrümmte Körperhaltung und gesträubtes Fell gehören können –, dann sollte es so rasch wie möglich isoliert und in einem Krankenkäfig untergebracht werden. Da sich insbesondere Infektionskrankheiten der Atemwege unter den kleinen Nagern außerordentlich rasch seuchenartig ausbreiten können, Antibiotika zur bakteriellen Bekämpfung aber gerade bei so kleinen Tieren wie den Nagern leider häufig nicht mehr schnell genug wirksam werden, sind ansonsten sämtliche Gruppenmitglieder gefährdet.

Lassen Sie erkrankte Tiere immer umgehend von einem Tierarzt untersuchen, denn erst wenn die den Krankheitsanzeichen zugrunde liegenden Ursachen diagnostiziert sind, kann gezielt behandelt und den Nagern geholfen werden.

Blutnase

Die Synthese des aufgrund seines hohen Porphyrin-Gehaltes (Porphyrine sind Farbstoffe, nicht Blut!) bei den Meriones rötlich und bei Ratten (wie Mäusen) schwach rosa gefärbten Sekretes der Harder'schen Drüsen kann infolge akuter Erkrankungen oder verschiedener anderer Umweltfaktoren erheblich gesteigert werden. Die Folge ist eine vermehrte Absonderung rötlich bis rot gefärbter Tränenflüssigkeit und Nasenschleimes.

Erste Anzeichen einer „Blutnase".

Diese auch als Chromodacryorrhea bezeichnete Erscheinung wird insbesondere bei den Ratten als erstes Symptom einer krankhaften Veränderung angesehen, denn meistens geht sie auch mit Lymphknotenschwellungen und bei jungen Tieren zudem mit einer starken Vergrößerung der Thymusdrüse, einem dem Immunsystem zugehörigen Organ, einher.

Symptome wie „rote Tränen", „blutiges Niesen" bzw. die so genannte „Blutnase" sind nicht unbedingt durch Allergien oder krankhafte Veränderungen im Bereich der Atemwege des betroffenen Tieres bedingt, sondern können auch ihre Ursache in Erkrankungen des Magen-Darm- oder Nieren-Blasen-System haben. Es ist auch gar nicht so selten, dass eine solche Blutnase selbst nach Ausheilung der Grunderkrankung und Ausschaltung anderer Stressfaktoren weiterhin, manchmal sogar lebenslang bestehen bleibt. Worauf dies zurückzuführen ist und ob es gerade in diesem Stadium Behandlungsmöglichkeiten gibt, konnte bislang noch nicht geklärt werden. Man vermutet allerdings, dass bei den betroffenen Ratten eine allgemeine Schwächung ihres Immunsystems dahinterstecken könnte. Deshalb gilt es, die körpereigene

Immunabwehr dieser Tiere durch optimale Luftfeuchtigkeit und Raumtemperatur sowie durch vitaminreiche Kost und artgemäße Bewegung bzw. Beschäftigung zu stärken und schädliche Einflüsse wie Zugluft, nasse Einstreu usw. unbedingt zu vermeiden.

Bei den Mongolischen Rennmäusen scheint eine verstärkte Aktivität der Harder'schen Drüsen eher im Zusammenhang mit niedrigen Umgebungstemperaturen zu stehen und kann somit nicht als pathologisch (krankhaft) angesehen werden.

Durchfallerkrankungen

Vor allem die zierlichen Mäuse reagieren auf schlechte Haltungsbedingungen sehr rasch mit Durchfall. Wie bei Ratten und Mongolischen Rennmäusen können auch bei ihnen neben Zugluft, verunreinigtem Trinkwasser bzw. Futter sowie feuchter und stark verschmutzter Einstreu, Bakterien- oder Virusinfektionen sowie Rund- bzw. Bandwurmbefall Ursache von Durchfallerkrankungen sein.

Erkrankte Tiere setzen zunächst mehrmals täglich breiigen bis sehr dünnflüssigen, manchmal auch schleimig-blutigen Kot ab und magern in schweren Fällen bereits nach ein bis zwei Tagen stark ab. Da After und Schwanz der Tiere bei heftigen Durchfällen erheblich mit Kot verschmiert sind, spricht man bei solchen für die Nager meist lebensbedrohenden Durchfall-Erkrankungen generell von einem „Wet-Tail-Syndrom" („wet tail" bedeutet „nasser Schwanz"), obwohl diese Bezeichnung ursprünglich nur einer ganz spezifischen infektiösen Durchfallerkrankung galt. Sind Jungtiere betroffen, haben diese in der Regel keine Überlebenschancen.

Bei geringen Durchfallbeschwerden kann neben dem täglichen Wechsel der Einstreu eine Haferflockendiät zusammen mit reichlich Trinkwasser, welches dem Tier nötigenfalls mit einer kleinen Spritze (ohne Kanüle) vorsichtig ins Mäulchen eingeträufelt wird, helfen, die Symptome zu lindern. Bei gleichzeitigem Wurmbefall muss vom Tierarzt zunächst eine Entwurmung durchgeführt werden.

Ansonsten sind bei Kleinnagern die therapeutischen Möglichkeiten bei Durchfallerkrankungen äußerst begrenzt. Denn wie bei schweren Atemwegserkrankungen kann selbst durch Verabreichung hochwirksamer Antibiotika auch hier nur selten eine Besserung der Beschwerden erzielt werden. Deshalb ist Vorbeugung extrem wichtig. Neben guten Haltungsbedingungen hilft auch die Vermeidung der Verfütterung von rohen bzw. unzureichend gegarten Fischprodukten, rohem Ei und ungegartem Fleisch, die Infektionsgefahr mit Würmern oder z. B. Salmonellen zu verringern.

Das Thema Erbrechen braucht hier nicht abgehandelt zu werden, denn Ratten, Mäuse und Rennmäuse können überhaupt nicht erbrechen. Ihnen fehlt die dazu nötige Muskulatur.

Hautveränderungen

Neben Hautparasiten wie Läusen, Flöhen, Haarlingen und Milben können bei Nagern außerdem Pilzbefall und Ernährungsfehler oder Allergien zu Hauterkrankungen und Fellveränderungen führen. Die krankhaften Symptome reichen von mattem, stumpfen Fell bis zu großflächigem Haarausfall mit nässenden, stark juckenden Ekzemen und Schorfbildung. Da sich die betroffenen Tiere meistens heftig kratzen und sehr häufig an den befallenen Körperstellen wund lecken, verschlimmern sich die Krankheitszeichen rasch.

Mit einem Klebestreifen-Test auf dem Fell bzw. der Haut Ihres kleinen Heimtieres können Sie meist leicht selber feststellen, ob es sich ungebetene Gäste wie Flöhe, Läuse oder Haarlinge eingefangen hat. Dann können Sie Ihrem Nager den Besuch beim Tierarzt ersparen und an seiner statt diesen Klebestreifen-Nachweis dort vorlegen. Eine lokale Tupf- oder Waschbehandlung mit insektizidhaltigen und parasitenabtötenden Medikamenten – vom Tierarzt oder aus der Apotheke – bringt gewöhnlich baldige Linderung der Beschwerden.

Können Sie keine Parasiten oder deren Kot, weder auf der Haut noch am Fell Ihres Tieres, ausmachen und tritt auch nach Nahrungsumstellung (z. B. Grundfuttermischung ohne Weizen, Reduzierung des Eiweißgehaltes) und Wechsel auf eine andere Sorte Einstreu innerhalb ungefähr einer Woche keine Besserung ein, sollten Sie den kleinen Hausgenossen doch unbedingt bei Ihrem

Tierarzt vorstellen. Denn ein etwaiger Befall mit Milben oder Hautpilzen ist nur durch mikroskopische bzw. mikrobiologische tierärztliche Untersuchungen (z. B. anhand von Hautgeschabseln) zweifelsfrei festzustellen. Und erst nach sicherer Diagnosestellung kann der kleine Nager dann auch gezielt behandelt werden.

Die rotbraun gefärbten und etwas fettigen Hautschüppchen-Ablagerungen im Rückenbereich mancher Ratten-Böcke scheinen dagegen nicht pathologisch, also krankhaft, zu sein und brauchen nicht behandelt zu werden. Möglicherweise stecken nur die männlichen Geschlechtshormone hinter diesen Hautsymptomen. Denn weder bei Jungtieren noch bei Weibchen oder kastrierten Männchen konnten bislang derartige Hautschuppen beobachtet werden. Es handelt sich demnach lediglich um ein kosmetisches Problem.

Insbesondere bei übergewichtigen Nagern kommt es bisweilen zu ganz charakteristischen Hautveränderungen mit Schwielenbildung an den Ballen der Hinterbeine. Meistens kommen noch entzündliche Prozesse dazu, sodass die Krankheit rasch chronisch werden kann. Therapien mit Bach-Blüten, homöopathischen Mitteln oder Antibiotika sind zwar möglich, bringen aber häufig auch nach sorgfältiger Durchführung keinen dauerhaften Heilungserfolg.

Nasse und verschmutzte Einstreu kann den Ausbruch der Erkrankung beschleunigen und die Ballenabszesse erheblich verschlimmern. Alleinige Ursache dafür scheint sie allerdings nicht zu sein. Denn auch äußerst gewissenhaft gehaltene und gepflegte Tiere können unter diesen Hautwucherungen leiden.

Putzverhalten der kleinen Nager

Ratten, Mäuse und Mongolische Rennmäuse sind, wie bereits erwähnt, ausgesprochen reinlich und putzen sich häufig und sehr ausgiebig. Wenn Sie Ihre Tiere immer wieder einmal beim Putzen beobachten, werden Sie sehr schnell in der Lage sein, deren Gebaren bei der regelmäßigen Körperpflege von etwaigen heftigen oder unkoordinierten Kratz-Attacken infolge von Hauterkrankungen oder Verhaltensproblemen – wie dem überwiegend in Stresssituationen gezeigten Übersprungsputzen – zu unterscheiden.

Die Bewegungsmuster einer „Ganz-Körper-Pflege", die aus einzelnen, in bestimmter Abfolge auftretenden Handlungselementen bestehen, sind weitgehend angeboren. Bereits die Nestjungen üben sich im Gesichtchen-Wischen und Körper-Kratzen. Bei ihnen sieht das Ganze zwar noch ein bisschen ungeschickt aus, bestimmte Teilsequenzen sind aber bereits deutlich zu erkennen. Spätestens im Absetzalter beherrschen die kleinen Nager jedoch das gesamte Repertoire der Körperpflege und nach dem Erwachen, dem langsamen Öffnen der Augen, dem Recken, Strecken und Gähnen sind dann die einzelnen Putzsequenzen meist in der wie hier beschriebenen Reihenfolge zu beobachten:

- Vorderpfoten sorgfältig lecken.
- Vibrissen und Fell an Stirn, Wangen und Ohren mit den Vorderpfoten gegen den Strich in Richtung Schnauze streichen.
- Vorderpfoten lecken.
- Rücken (soweit erreichbar) sowie Bauch und Flanken lecken, manchmal anschließendes Durchkämmen dieser Stellen mit den Nagezähnen.
- Lecken der Zehen eines Hinterfußes, anschließend kratzen diese an den Flanken und später auch am Rücken in Richtung Nacken, bisweilen auch in den Ohrmuscheln.
- Dazwischen regelmäßiges Ablecken der Zehen.
- Lecken der Genitalien.
- Anschließend mit den Vorderpfoten hinter den Ohren beginnend synchron in Richtung Schnauze streichen.
- Schwanz zwischen die Vorderpfoten klemmen und lecken, anschließend die Hinterbeine (zwischen den Pfötchen gehalten) lecken.
- Ausgiebiges Durchknabbern des Felles mit den Nagezähnen.
- Abschließend nochmals säubern von Mäulchen und Vibrissen.

Anfallserkrankungen und Lähmungserscheinungen

Auch Nager können von Krampfanfällen betroffen sein. Dabei neigen vor allem die Mongolischen Rennmäuse zu so genannten epileptiformen, also der Epilepsie des Menschen ähnelnden An-

Gründliche
Ganzkörper-Pflege.

fällen. Dies hat man sich, wie könnte es anders sein, bereits vor ungefähr dreißig Jahren durch gezielte Züchtung besonders epilepsieanfälliger Rennmaus-Stämme für die Erforschung von Anfallskrankheiten zunutze gemacht.

Epileptische Anfälle bei Nagern können mild in Form von leichten Zuckungen der Ohren oder Gliedmaßen, aber auch sehr heftig und bis zur völligen Verkrampfung verlaufen. Bei den Meriones treten Krampfanfälle besonders in Stresssituationen auf, so z. B. in fremder Umgebung oder infolge großer Aufregung beim Einfangen.

Bei Tieren, die krankhafte Veränderungen im Erbgut tragen, können erste Krankheitsanzeichen schon im Alter von zwei Monaten sichtbar werden. Lässt man die betroffenen Rennmäuse während eines Anfalles ganz in Ruhe, dann verschwinden die Symptome meistens innerhalb weniger Minuten wieder, ohne dass die Tiere bleibende Schäden zurückbehalten.

Krampfartige Anfälle häufig in Verbindung mit deutlichen Lähmungserscheinungen können auch bei Ratten und Mäusen vorkommen, so z. B. bei starkem Vitaminmangel oder nach einer Virusinfektion (Poliomyelitis, Meningoenzephalitis; Symptom: schlaffe Lähmung der Hinterbeine).

Durch Infektionen mit *Pseudomonas aeruginosa* oder ähnlichen Keimen können vor allem bei Mäusen und Ratten starke Entzündungen des Innenohres (*Otitis interna*) verursacht werden. Erkrankte Tiere halten ihren Kopf schief und haben zudem in schweren Fällen starke Gleichgewichtsprobleme. Solche Erkrankungen sind in der Regel mit Antibiotika gut therapierbar und müssen deshalb zweifelsfrei von der so genannten Rollkrankheit, einer nicht mehr behandelbaren Erkrankung des Nervensystems, die im Anfangsstadium ähnliche Symptome zeigt, unterschieden werden.

Die Rollkrankheit oder Labyrinthitis wird durch Erreger der bereits bekannten Mykoplasmen-Gruppe verursacht und tritt hauptsächlich bei Mäusen und Ratten auf. Sie ist sehr ansteckend, äußerst langwierig und verschlimmert sich zusehends. Im Endstadium ist das erkrankte Tier nicht mehr in der Lage, sich aufrecht zu halten oder zu laufen, und es rotiert nun fortwährend um seine Körperlängsachse.

Ein trauriges Bild: der „Schiefkopf".

Steht die Diagnose fest und der Zustand des kleinen Patienten verschlechtert sich dramatisch, sollte man ihn nicht unnötig leiden lassen, sondern unbedingt mit dem Tierarzt die Möglichkeit einer schmerzlosen Einschläferung des Nagers besprechen.

Krebs

Bei Ratten, Mäusen und seltener bei den Mongolischen Rennmäusen kommen familiär gehäuft Geschwulstbildungen vor, die in der Mehrzahl bösartig sind. Solche Krebstumoren können auch bei jungen Tieren auftreten und sich bei ihnen meist noch wesentlich rascher entwickeln als bei alten Tieren, die sonst überwiegend von Tumorerkrankungen betroffen sind.

Durch die rapide Zellteilung der Wucherungen werden sowohl das umliegende Gewebe als auch, durch Metastasenbildung, zahlreiche andere Organe zerstört. Aus stecknadelkopfgroßen Knöt-

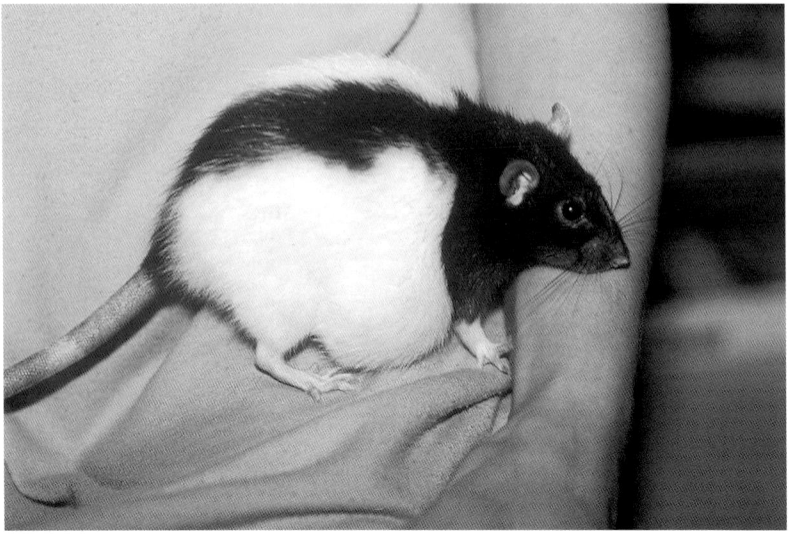

Eine typische Alterserkrankung von Ratten und Mäusen sind Tumoren, hier bei einer Haubenratte im fortgeschrittenen Stadium.

chen werden dann in nur drei bis vier Monaten bei Ratten beispielsweise bis zu walnussgroße Gebilde, die schließlich geschwürig aufbrechen können.

Werden die Gewebeverhärtungen, die z. B. im Bereich der Milchdrüsen oder in der Leistengegend auftreten, frühzeitig entdeckt, können sie durch Infiltrationsbehandlung oder durch eine Operation (bei Ratten am günstigsten mit Inhalationsnarkose) recht häufig sogar erfolgreich behandelt werden. Haben sich solche zunächst als kleine Verhärtungen tastbaren Geschwülste aber bereits stark entwickelt und Metastasen gestreut, dann treten auch nach einer erfolgreich verlaufenen Operation gewöhnlich schon innerhalb eines Monates zahlreiche weitere Tumoren am Körper des Nagers auf. Eine weitere Behandlung hat dann wenig Sinn.

Stattdessen sollte man seinen kleinen Hausgenossen während seiner letzten Wochen noch liebevoll umsorgen und pflegen und ihn, sobald er aufgrund der Krebsgeschwülste sichere Anzeichen von Unbehagen zeigt, sanft einschläfern lassen.

Der alte Nager

In noch kürzeren Zeitabständen als bei jungen Nagern müssen Sie bei Ihren alten Tieren Zahn- und Nagelwachstum kontrollieren. Denn aufgrund nachlassender Bewegungsfreude können die Zehennägel zu lang werden. Ebenso kann infolge von Entzündungserscheinungen im Mund-Rachenraum das Nagebedürfnis abnehmen und dadurch werden die Nagezähne unzureichend abgeschliffen. Ein auf Kleinnager spezialisierter Tierarzt kann hier Abhilfe schaffen.

Auch Linsentrübungen, die nicht mehr behandelt werden können, und tumorige Gewebeveränderungen treten im Alter zahlreich auf. Ebenso werden die Tiere anfälliger für Infektionskrankheiten und kleinere Wunden heilen, anders als bei jüngeren Nagern, nur noch sehr langsam ab.

Erstaunlich ist jedoch immer wieder, wie gut ältere, kranke oder behinderte Tiere in einem ihnen bekannten Lebensraum zurechtkommen und mit welcher Sicherheit sie sich dort fortbewegen können.

Sogar vollständig erblindete Tiere sind noch in der Lage, in einem ihnen vertrauten Terrain sehr zielstrebig umherzuklettern. Deshalb gilt es anders als sonst, die Käfigeinrichtung jetzt nicht mehr zu verändern und nach dem Reinigen alle Utensilien wieder an ihrem angestammten Platz anzubringen.

Sondert sich der Nager schließlich von der Gruppe ab und kauert mit struppigem Fell, in gekrümmter Körperhaltung und mit Flankenatmung in einer Käfigecke, frisst er nur noch sehr wenig oder überhaupt nicht mehr und lässt er sich selbst mit sonst geschätzten Leckerbissen nicht mehr aus seinem Rückzugsplätzchen hervorlocken, dann gilt es bald Abschied von dem geliebten Hausgenossen nehmen.

Leider können unsere kleinen Hausgenossen nicht immer friedlich einschlafen und eines natürlichen Todes sterben. Denn gerade im Endstadium verschiedener Erkrankungen treten häufig starke Atemnot, Erstickungsanfälle oder heftige Krämpfe auf, die ihnen ganz offensichtlich Todesängste einflößen. In einem solchen Fall wäre es absolut unverantwortlich, das kleine Heimtier weiter sich selbst zu überlassen.

Haben Sie einen der wenigen Tierärzte in Ihrer Nähe, der in Notsituationen auch Hausbesuche macht, dann können Sie Ihrem Heimtier in seinen letzten Lebensminuten vermeidbaren Stress ersparen. Aber auch dann, wenn Sie Ihren Nager in die Praxis bringen müssen, sollten Sie ihm unbedingt größtmögliche Geborgenheit vermitteln, indem Sie ihn bis zu seinem allerletzten Atemzug schützend in Ihren Händen halten.

Abschied nehmen

Der Tod eines geliebten Tieres ist gerade für Kinder eine traurige Erfahrung. Deshalb ist es sehr wichtig, ihnen die Gelegenheit zu geben, um ihr Heimtier zu trauern und auch gebührend Abschied von ihm zu nehmen.

Auch wenn Sie vielleicht der Meinung sind, Ihren Kindern den Anblick des toten Tieres und damit Leid ersparen zu können, indem Sie den Nager, nachdem er eingeschläfert wurde, in der Tierarztpraxis zurücklassen, so hat es sich für das seelische Gleichgewicht insbesondere junger Menschen doch als wesentlich günstiger erwiesen, sie mit den Tatsachen zu konfrontieren. Kinder können sich mit dem Verlust ihres kleinen Freundes viel schneller abfinden, wenn sie ihn feierlich begraben und ihn, wann immer dies möglich ist, besuchen und mit ihm „reden“ können. Ständig mit der Ungewissheit zu leben, was in der eigenen Abwesenheit wohl mit dem Heimtier geschehen sein mag, belastet Kinder stärker, als uns lieb ist.

Erst wenn Ihre Kinder von sich aus die Anschaffung eines neuen Heimtieres ansprechen, haben sie den Verlust verarbeitet und sind nun bereit zum Aufbau einer neuen Beziehung. Ist der neue Hausgenosse dem alten möglichst unähnlich, hat Ihr Kind zudem die Chance, ihn als eigenständiges Individuum völlig neu und nicht nur als Ersatz für den alten Freund zu erleben.

Mit den kleinen Nagern züchten?

Voraussetzungen

Nichts ist faszinierender, als die Entstehung neuen Lebens mitzuverfolgen. Aber bevor Sie sich Gedanken über geeignete Paarungspartner, Trächtigkeit, Geburt und Jungenaufzucht machen dürfen, müssen Sie unbedingt abgeklärt haben, was mit dem sich einstellenden Nachwuchs Ihrer Nager geschehen soll.

Wie viele Tiere möchten Sie selbst behalten? Bedenken Sie, dass die Wurfgröße zwischen fünf und im Extremfall 20 Tieren liegen kann! Können Sie die kleinen Nager auch dann weiterversorgen, wenn die Geschlechterverteilung im Wurf anders ausfällt als erhofft? Wie viele Tiere sind bei guten Freunden und Bekannten willkommen und werden dort schon sehnlichst erwartet? Und was soll mit diesen Tieren geschehen, sollte ein fester Interessent unvermittelt abspringen? (Die Abgabe in einem Zoogeschäft bedeutet für die Kleinen nicht selten die Aussicht auf ein baldiges Lebensende in einem Reptilienmagen.)

Werden Sie unter allen Umständen durchsetzen, dass Ihre Tiere nur mindestens paarweise übernommen werden, selbst dann, wenn der Nagerinteressent daraufhin von einem Kauf Abstand nimmt, weitere potenzielle Abnehmer aber fehlen? Und sind Sie bereit, den neuen Nagerbesitzern ständig mit Rat und Tat zur Seite zu stehen und die Tiere wieder zurück zu nehmen, sollte es bei ihren neuen Besitzern mit der Haltung nicht zum Besten bestellt sein?

Stehen den Tieren genügend geeignete Käfige zur Verfügung, wenn sie nach Eintritt der Geschlechtsreife nach Geschlechtern getrennt werden müssen? Möglicherweise können Sie dann noch nicht in die „Erwachsenen-Käfige" umziehen, da deren Gitterabstände für die Kleinen viel zu groß sind. Dieser Aspekt kann schon während der Aufzuchtphase zu einem Problem werden, denn junge Nager sind ausgesprochen bewegungs- und kletterfreudig und das bereits in ihrer dritten Lebenswoche.

Sie sehen, mit purer Faszination und schierer Begeisterung allein ist es keineswegs getan. Das Züchten mit den kleinen Nagern müssen Sie stattdessen minutiös planen, möchten Sie nicht nur sich selbst das Erlebnis von Geburt und Jungenaufzucht gönnen, sondern auch den Nachkommen Ihrer Heimtiere ein artgerechtes Leben und eine angenehme Zukunft ermöglichen.

Fortpflanzung bei Ratten, Mäusen und Rennmäusen

Um etwaige Inzuchtschäden wie z. B. Anfälligkeiten für bestimmte Erkrankungen, Missbildungen, kürzere Lebenserwartung usw. bei Ihrem Nagernachwuchs zu vermeiden, sollten Sie Paarungspartner wählen, die nicht miteinander verwandt sind. Das heißt auch, dass Sie mögliche Elterntiere keinesfalls zum gleichen Zeitpunkt bei ein und demselben Zoofachgeschäft erwerben dürfen.

Wenn Sie beabsichtigen, mit Ihren Nagern einmal „einen Wurf zu machen", ist es sicher am günstigsten, Sie bemühen sich um einen gewissenhaften Liebhaber-Züchter, dessen Tiere aus einer wohl überlegten Verpaarung stammen und hoffentlich einen ausgeglichenen Charakter und eine gesunde Konstitution besitzen, also ideale Voraussetzungen für eine eigene Zucht mitbringen.

Mäuse, Ratten und Rennmäuse sind schon sehr früh fortpflanzungsfähig. Dennoch sollten Sie Ihre Mäuschen erst drei, Ihre Ratten und Meriones frühestens vier Monate nach Erreichen der Geschlechtsreife zur Zucht einsetzen. Denn erst dann sind sie ausgewachsen und die Weibchen einer Trächtigkeit sowie den Aufgaben einer Jungenaufzucht gewachsen.

Ratten und Mäuse sind alle vier bis fünf, Mongolische Rennmäuse alle vier bis sieben Tage für wenige Stunden fortpflanzungsfähig. Die Brunstphase beginnt gewöhnlich während der Abend- oder Nachtstunden und dauert ungefähr zwölf Stunden an. Während dieser Zeit sind die Weibchen nicht nur paarungswillig, sondern meist auch ausgesprochen aktiv und bewegungsfreudig.

Solche sexualzyklusabhängigen Aktivitätssteigerungen sind im Tierreich übrigens nichts Außergewöhnliches. Denn sie wurden nicht nur von einigen Nagerarten, sondern z. B. auch von weiblichen Nachtaffen beschrieben. Der Eisprung erfolgt wie bei den meisten Nagern spontan und nicht wie etwa bei Kaninchen erst als Reaktion auf eine vorangegangene Paarung.

	Ratte	**Maus**	**Mongolische Rennmaus**
Geschlechtsreife mit	5–6 Wochen	4 Wochen	8–9 Wochen
Zuchteinsatz mit	ca. 6 Monaten	ca. 4 Monaten	ca. 6 Monaten
Brunstzyklus	4–5 Tage	4–5 Tage	4–7 Tage
Tragzeit	21–24 Tage	18–21 Tage	24–26 Tage
Postpartum-Östrus nach	ca. 28 Stunden	14–24 Stunden	ca. 8 Stunden
Zahl der Jungen pro Wurf	7–12	6–10	4–6
Geburtsgewicht	4,5–6 g	1–2 g	2,5–3 g
Öffnen der Augen mit	13–17 Tagen	10–13 Tagen	14–18 Tagen
Öffnen der äußeren Ohren mit	2–4 Tagen	2–3 Tagen	5 Tagen
Durchbrechen der Nagezähne mit	8–10 Tagen	8–13 Tagen	12 Tagen
Säugedauer	21–28 Tage	21–28 Tage	21–30 Tage
Zitzenzahl	6 Paare	5 Paare	4 Paare
Trennung der Geschlechter nach	5–6 Wochen	ca. 4 Wochen	8–9 Wochen
Gewicht nach Tagen (d)	30 d: 60–90 g 60 d: 140–180 g 90 d: 190–260 g	15 d: 6–9 g 20 d: 8–12 g 30 d: 12–20 g	30 d: 20–25 g 60 d: 40–50 g 80 d: 70–75 g

Tabelle 4: Fortpflanzung und Entwicklung von Ratten, Mäusen und Rennmäusen.

Mit zunehmendem Lebensalter der Tiere oder bei Haltung in kalten Räumen, bei geringem Nahrungsangebot oder Überbevölkerung, aber auch nach Auftauchen fremder Männchen (über Sexuallockstoffe bzw. Pheromone) kann es zu deutlichen Änderungen im Zyklus-Geschehen kommen. Auch der Erfolg von Besamung bzw. die Einnistung befruchteter Eier in die Gebärmutter können davon beeinflusst werden.

Die kräftigsten Würfe bringen Mäuse-Weibchen bis zu ihrem achten, Ratten-Weibchen bis ungefähr zu ihrem elften und Mongolische Rennmäuse bis zu ihrem 14. Lebensmonat hervor. Danach lässt ihre Fruchtbarkeit nach und die Würfe werden allmählich immer kleiner. Abgesehen davon, dass die Nachkommen alter

Weibchen meist weniger vital sind als diejenigen etwas jüngerer Tiere, treten gerade bei älteren Weibchen nicht selten auch Fehlgeburten oder Geburtsschwierigkeiten auf, die die Gesundheit oder sogar das Leben der Muttertiere gefährden können. Aus diesem Grund sollten Sie Mäuse- und Ratten-Weibchen, die älter als ein Jahr sind, nicht mehr decken lassen. Da die Mongolischen Rennmäuse eine höhere Lebenserwartung haben und ihre Weibchen auch etwas länger fortpflanzungsfähig bleiben, können diese bis ungefähr zu ihrem 18. Lebensmonat zur Zucht herangezogen werden. Selbstverständlich sollten auch die männlichen Paarungspartner nicht gerade „zum alten Eisen" gehören.

Vergesellschaftung der Paarungspartner

Möchten Sie mit Mongolischen Rennmäusen züchten, empfiehlt sich gleich zu Beginn die Haltung eines Pärchens. Denn wie Sie bereits wissen, lassen sich erwachsene Meriones schwieriger aneinander gewöhnen als Ratten und Mäuse – und das selbst dann, wenn es sich dabei um mögliche Paarungspartner handelt. Trotzdem sollten Sie auch auf die letzteren beiden ein wachsames Auge haben und gerade bei der Verpaarung von Mäusen das Weibchen kurzzeitig in den Käfig des Männchens einziehen lassen und nicht umgekehrt.

Aufgrund ihres sehr kurzen Zyklus und der Tatsache, dass Nager-Weibchen nach einem Kontakt mit Männchen meist rascher brünstig werden als es dem normalem Östruszyklus entspricht, genügen in der Regel ungefähr sieben Tage des gemeinsamen Käfigaufenthaltes für eine erfolgreiche Paarung. Manche Züchter belassen die Tiere nicht während der gesamten Zeitspanne beieinander, sondern setzen die potenziellen Paarungspartner nur stundenweise (meistens abends bzw. nachts) und bisweilen auch nicht im angestammten Heim eines der beiden Tiere, sondern auf neutralem Terrain zusammen.

Die Befürchtung, die Männchen könnten den Jungtieren etwas zu Leide tun, veranlasst viele Nagerzüchter, männliche nicht zusammen mit trächtigen oder gebärenden weiblichen Tieren zu halten. Bei sorgsam gepflegten, nicht übermäßig beunruhigten, gestressten oder psychisch kranken Tieren ist diese Sorge jedoch unbegründet. Einige Nager-Männchen beteiligen sich im Gegenteil sogar fleißig am Nestbau oder an der Jungenpflege.

Ein viel triftigerer Grund, die Männchen kurz vor oder sofort nach der Geburt des Nachwuchses von den Weibchen zu trennen, ist die Tatsache, dass Ratten, Mäuse und Mongolische Rennmäuse einen so genannten Postpartum-Östrus haben, also die Möglichkeit, sich unmittelbar nach dem Werfen wieder erfolgreich zu paaren. Möchte man keinen weiteren Nachwuchs züchten, so ist es durchaus sehr sinnvoll, die Tiere spätestens jetzt wieder voneinander zu trennen.

Da das Weibchen gleichzeitig noch einen weiteren Wurf säugen muss, dauert eine „Postpartum-Trächtigkeit“ etwas länger als gewöhnlich. Dennoch haben Tierarten, die wie die kleinen Nager in ihrem natürlichen Lebensraum von vielen Fressfeinden bedroht sind, dadurch den großen Vorteil, sehr schnell zahlreichen Nachwuchs hervorbringen zu können.

Paarung

Paarungen finden meistens während der Nachtstunden statt und werden durch ein ungefährliches Verfolgen des Weibchens durch das Männchen und bei den Meriones zusätzlich durch Trommeln mit den Hinterpfoten eingeleitet. Außerdem beschnuppern sich die Tiere gegenseitig sehr ausgiebig an den Genitalien.

Ist das Weibchen paarungsbereit, verharrt es schließlich, reckt seinen Hinterleib in die Höhe und legt häufig auch den Schwanz etwas zur Seite. Daraufhin reitet das Männchen auf. Während der nächsten ein bis zwei Stunden wird die Begattung unzählige Male wiederholt, wobei jedes Aufreiten nur ein bis zwei Sekunden dauert. Bei etwa jeder zehnten bis fünfzehnten Kopulation ejakuliert das Männchen. Dann leckt sich auch das Weibchen sorgfältig die Genitalien, ansonsten putzt sich meist nur das Männchen.

Übrigens reiten innerhalb einer Nagergruppe auch gleichgeschlechtliche Tiere (männliche wie weibliche) gegenseitig auf. Wahrscheinlich ist dies eine Geste der momentanen Überlegenheit, denn die beteiligten Partner wechseln sich in der Regel dabei häufig ab.

Das „Vorspiel".

Wenige Stunden nach der Paarung bildet das Weibchen einen weißen, wachsartigen Vaginalpfropf aus, der offensichtlich weiteren Kopulationen entgegenwirkt. Dieser auch Scheidenzapfen genannte Pfropf entsteht durch die Absonderung bestimmter Geschlechtsdrüsen und bleibt in der Regel 24 Stunden erhalten, bevor er dann als Ganzes abgestoßen wird.

Unter Laborbedingungen (insbesondere bei Ratten) macht man sich dies manchmal zunutze und hält am Tag nach der vermuteten Paarung nach diesem Bröckchen im Käfig Ausschau. Bei einer artgerechten Heimtierhaltung mit viel Einstreu und Nistmaterial in einem geräumigen Nagerheim ist dies freilich nicht möglich und auch nicht beabsichtigt. Um trotzdem einen Anhaltspunkt für den frühestmöglichen Geburtstermin zu bekommen, notieren Sie sich einfach das Datum der beobachteten Paarungen. Denn man darf ja wohl davon ausgehen, dass auch Sie äußerst neugierig sind und alles daran setzen, um diese Momente im Fortpflanzungsgeschehen Ihrer Heimtiere nicht zu verpassen.

Trächtigkeit

Ratten, Mäuse und Rennmäuse sollten, und das gilt natürlich ganz besonders während der Trächtigkeit und der Säugezeit, nicht beunruhigt werden. Denn bei ständigen Störungen (laute Geräusche, Hinzusetzen fremder Artgenossen o. Ä.), aber auch bei einem unzureichenden Nahrungsangebot oder bei Eiweißmangel im Futter kann es dazu kommen, dass die Weibchen ihre ungeborenen Jungen resorbieren, also im Körper wieder auflösen und abbauen bzw. ihren Nachwuchs nach der Geburt vernachlässigen oder sogar auffressen.

Nicht zu verwechseln ist dies mit Verhaltensweisen von Nager-Weibchen gegenüber geschwächten oder kranken Jungtieren. Denn aufgrund ihres natürlichen Instinktes, das Nest sauber zu halten, sind Nagermütter geradezu gezwungen, tote oder schwerstgeschädigte Welpen aufzufressen.

Wie bereits erwähnt, haben trächtige und säugende Nager-Weibchen neben einem erhöhten Eiweiß-, Vitamin- und Mineralstoffbedarf einen verstärkten Verbrauch an Kohlenhydraten und Fetten. Es empfiehlt sich deshalb, ihre Futtermenge zu verdoppeln und vermehrt Mehlwürmer, Obst, Gemüse und Milchprodukte so wie gekochtes Ei, Jogurt und Käse anzubieten und das Futter bei Bedarf noch mit etwas Heilnahrung zu ergänzen.

Während ihrer 24 bis 26 Tage dauernden Trächtigkeit nehmen Meriones zwischen 10 und 15 g an Gewicht zu. Wie bei den Ratten und Mäusen, deren bevorstehende Mutterschaft spätestens im letzten Drittel der Trächtigkeit nicht mehr zu übersehen ist, kann man auch bei ihnen bereits nach ungefähr vierzehn Tagen eine deutliche Vergrößerung der Zitzen erkennen. Bei Ratten und Mäusen ist die Tragzeit mit durchschnittlich 22 bzw. 20 Tagen etwas kürzer als bei den Mongolischen Rennmäusen.

Nager-Weibchen sollten während der gesamten Trächtigkeit in ihrer angestammten Gruppe und in der ihnen vertrauten Umgebung bleiben dürfen. Denn vor allem die weiblichen Käfiggenossinnen beteiligen sich in der Regel sehr liebevoll an der Pflege der Welpen und unterstützen so das Muttertier bei der Jungenaufzucht. Durch ein Umquartieren in einen separaten Käfig würde demzufolge eine völlig unnatürliche Situation für die trächtigen Tiere geschaffen. Auch ihren täglichen Auslauf im Zimmer oder ihre Kletterübungen auf dem Mäuseturm sollten die werdenden Mütter weiterhin genießen dürfen.

Werden trächtige Weibchen mit ihren Männchen zusammen gehalten, bauen die zukünftigen Väter (Mäuse, Rennmäuse) meist ebenfalls kräftig am Wurfnest mit. Auch an der Welpenaufzucht beteiligen sich einige von ihnen, indem sie vor allem das Warmhalten der Kleinen mit übernehmen (Rennmäuse). Ratten-Väter allerdings kümmern sich nur sehr selten um ihren Nachwuchs, Mäuse-Männchen in der Regel überhaupt nicht.

Dass Sie den Nagerkäfig bereits vor der Paarung der Tiere gründlich säubern und den Nagern neben dem „Trächtigkeits-Kraftfutter" genügend geeignetes Nistmaterial wie feine Papierstreifen, Küchenpapier, Pappe und z. B. Heu zur Verfügung stellen, ist selbstverständlich.

Größere Putz- und Umräum-Aktionen sind insbesondere in der zweiten Schwangerschaftshälfte nicht mehr anzuraten, denn die Nager-Weibchen beginnen nach einer erfolgreichen Paarung meist schon bald damit, in einer warmen, dunklen Käfigecke oder einem sicheren Unterschlupf Vorbereitungen für den Bau eines Wurfnestes zu treffen. Werden die Tiere durch allzu neugierige Blicke oder unnötiges Hantieren im Käfig beunruhigt, ziehen sie bisweilen kurz vor der Geburt noch einmal um, um nun an einem geeigneteren Platz ein neues Wurfnest zu errichten.

Manche Weibchen werden kurz vor der Geburt äußerst schwerfällig, anderen merkt man das bevorstehende Ereignis weniger an. Wenn sich ein hochträchtiges Tier dann aber verstärkt an den Genitalien putzt und damit beginnt, sich sehr häufig um die Zitzen herum und am Unterbauch kräftig zu lecken, steht die Geburt der kleinen Nagerwelpen unmittelbar bevor.

Geburt und Entwicklung der Jungen

Wie die meisten Säugerarten so werfen auch die Nager-Weibchen gewöhnlich während der Nacht oder in den frühen Morgenstunden. Manchmal dauert eine Geburt nur 15 bis 20 Minuten, spätestens innerhalb von ein bis zwei Stunden allerdings sollten die Kleinen geboren sein, ansonsten muss mit Komplikationen gerechnet werden. Diese sind insbesondere dann zu erwarten, wenn eine bereits in Gang gekommene Geburt plötzlich stockt, das Weibchen ständig unruhig hin und her läuft und zudem heftig aus der Scheide blutet. Obwohl derartige Geburtsschwierigkeiten bei Nager-Weibchen im „besten Gebäralter" äußerst selten sind, ist es dennoch sicherer, rechtzeitig einen kompetenten Tierarzt von der bevorstehenden Geburt zu unterrichten, um nötigenfalls helfend eingreifen zu können.

Sind die Jungen geboren, kann man bald auch ein leises Fiepen oder Zirpen aus dem Nest vernehmen. Seine Neugierde sollte man aber gerade jetzt unbedingt zügeln, denn innerhalb ihrer ersten drei bis fünf Lebenstage sind die kleinen Nager am stärksten gefährdet, infolge von Störungen zu Schaden zu kommen.

Bei ihrer Geburt sind Mäuse-, Ratten- und Meriones-Welpen nackt und blind. Auch hören können sie jetzt noch nicht, denn ihre äußeren Gehörgänge sind noch verschlossen. Sie sind echte Nesthocker, die ihre Körpertemperatur nicht selbstständig aufrechterhalten können und deshalb auf die Fürsorge ihrer Mutter angewiesen sind. Erst wenn um die Mitte ihrer zweiten Lebenswoche die Körperbehaarung bereits recht dicht ist, brauchen sie von den Erwachsenen nicht mehr so häufig gewärmt zu werden. Verlässt die Nagermutter das Nest für einige Minuten, rücken die Kleinen zu einer Art Kugel zusammen und wärmen sich dabei gegenseitig.

Außer mit Wärme versorgen Nagermütter ihre Kleinen natürlich auch mit Nahrung. Die Nagermilch ist ausgesprochen fetthaltig und nahrhaft und bietet den Welpen allerbeste Voraussetzungen für eine außerordentlich rasche Entwicklung. Haben mehrere Weibchen in ein gemeinsames Nest geworfen, dann trinken die Jungen nicht nur bei ihrer Mutter, sondern dürfen meist, ohne zurückgewiesen zu werden, auch bei den anderen Weibchen nuckeln. Was man in den ersten Lebenstagen bisweilen durch die pergamentartig dünne und rosarote Bauchdecke der Kleinen weiß hindurchscheinen sieht, sind winzige Mengen unverdauter Milch.

Manchmal saugen sich die Welpen so stark an den Zitzen fest, dass sie sogar aus dem Nest herausgeschleift werden, wenn das Weibchen dieses z. B. zum Kot- und Harnabsetzen verlässt. Fallen die Jungen unterwegs von den Zitzen ab, werden sie vom Muttertier oder einem anderen erwachsenen Gruppenmitglied mittels

Im Alter von 13 Tagen haben die jungen Rennmäuse bereits ein recht dichtes Fell, die Augen sind aber noch verschlossen.

Nackengriff sofort wieder ins schützende Nest zurückverfrachtet. Wird ein Welpe dabei in der Nackenfalte aufgenommen, fällt er sogleich in eine Tragestarre. Dies ermöglicht es dem Alttier, das Kleine geschickt und sanft im Mäulchen zu transportieren, und das selbst über größere Entfernungen hinweg. Ein sich windendes und strampelndes Bündel wäre dagegen mit Sicherheit viel schwieriger zu handhaben.

Nager-Weibchen sind vielbeschäftigte Mütter, die ihre Jungen nach jeder Nahrungsaufnahme durch kräftiges Lecken der kleinen Bäuche zur Abgabe von Kot und Harn anregen müssen. Unterbleibt diese Stimulation, sterben die Kleinen.

Während ihrer ersten Lebenstage reagieren Nagerbabies nur auf Wärme-, Berührungs- und Duftreize. Danach erst entwickeln sich auch ihre optischen, akustischen und Bewegungsleistungen. Bereits in der zweiten Lebenswoche und noch bevor ihre Augen geöffnet sind, beginnen sie damit, aus ihrem Wurfnest herauszuklettern und im Käfig auf Erkundungstour zu gehen. Auch am Futter der Alttiere schnuppern sie jetzt bereits herum. Von diesem Zeitpunkt an sind die Weibchen nun unaufhörlich damit beschäf-

Mongolische Rennmäuse, 24 Tage alt. Die Augen haben sich schon geöffnet.

tigt, ihre „Brut“ wieder einzusammeln und ins Nest zurückzutragen. Aber allmählich geben sie ihre Bemühungen wieder auf, denn eben dort abgelegt, krabbeln die kleinen, neugierigen Kobolde erneut davon.

Mäusejunge nehmen gegen Ende ihrer zweiten Lebenswoche, Ratten und Rennmäuse ungefähr mit 20 Tagen vermehrt auch feste Nahrung zu sich. Man kann sie während dieser Lebensphase oft dabei beobachten, wie sie ihrer Mutter oder anderen Erwachsenen das Futter aus dem Mäulchen stibitzen und dabei erkennen lernen, welches Futter genießbar ist. Ihr zunächst stets von der Mutter sorgfältig abgeleckter, breiiger Kot wird nun zunehmend fester und von den Kleinen meist auch weit außerhalb des Schlafnestes abgesetzt. Nestbauaktivitäten der jungen Nager sind jetzt ebenfalls und immer häufiger zu beobachten. Besonders die kleinen Meriones üben sich bereits tüchtig im Nistmaterial-Zerspleißen.

Bis zu ihrer dritten (Mäuse) bzw. vierten (Ratten und Rennmäuse) Lebenswoche werden die Kleinen noch gesäugt, danach sind sie entwöhnt und müssen nun „auf eigenen Beinen stehen“.

Trotzdem haben sie noch viel zu lernen und schauen sich, wenn sie die Möglichkeit dazu haben, noch einiges von den Alttieren ab.

Erste Kontakte zum Menschen

Innerhalb der ersten Stunden nach dem Werfen sollten Sie das Muttertier auf seinen Gesundheitszustand hin überprüfen und auch einmal nach den kleinen Welpen schauen. Es empfiehlt sich jedoch unbedingt damit zu warten, bis das Weibchen von sich aus das Wurfnest verlässt, denn wie gesagt: Nager-Weibchen sind sehr fürsorgliche Mütter, die ihren Nachwuchs auch sehr vehement verteidigen. Und während der ersten Lebenstage der Jungen tun sie dies bisweilen sogar gegenüber ihrem vertrauten Pfleger.

Sie sollten den wenige Stunden alten Nachwuchs dabei aber noch nicht anfassen. Es genügt zunächst, die Babies zu zählen und eventuelle Totgeburten aus dem Nest zu entfernen. Erst gegen Ende der ersten Woche können Sie die Kleinen dann für einen Moment aus dem Nest herausnehmen, um ihren Gesundheitszustand zu überprüfen und die Geschlechter zu bestimmen. Damit Sie es mit der Geschlechtserkennung später einfacher haben, können Sie die Welpen dabei mit einem Tupfen ungiftiger Farbe an der Schwanzbasis markieren.

Bei den weiblichen Tieren erkennen Sie in diesem frühen Lebensalter noch sehr deutlich die Zitzen, außerdem können Sie den Abstand von Genitalpapille und After (siehe vorne) als Bestimmungsmerkmal zu Hilfe nehmen. Hoden lassen sich bei den Männchen jetzt meist noch nicht ausmachen, da diese zunächst in der Bauchhöhle liegen und sich gewöhnlich erst innerhalb der zweiten Lebenswoche in die Hodensäcke absenken.

Wie bei Hunderüden oder Katern so finden sich übrigens auch bei Ratten-, Mäuse- und Rennmaus-Männchen knöcherne Einlagerungen im Penis, die das Glied noch zusätzlich versteifen. Auch diese entwickeln sich erst während der ersten Lebenswochen.

Welche Augenfarbe die Nager einmal ausprägen werden, können Sie ebenfalls jetzt schon feststellen. Schimmert unter dem noch geschlossenen Augenlid dunkle Farbe durch, bekommen die Tiere schwarze Augen, ansonsten werden es kleine „Rotaugen“ werden.

Zu Beginn der zweiten Lebenswoche dürfen Sie die Nagerwelpen dann häufiger „handeln“ (sprich: „händeln“). Sie dürfen nicht nur, Sie müssen sogar, und zwar regelmäßig! Wie Sie wissen, prägen frühe positive Erlebnisse mit dem Menschen nicht nur das spätere Verhalten der kleinen Nager Ihnen gegenüber, sondern diese Erfahrungen haben auch eine sehr nachhaltige Wirkung auf deren gesunde Entwicklung.

Zunächst genügt es noch, die kleinen Fellbündel in der hohlen Hand zu halten und dabei behutsam zu streicheln. Später, wenn die Kleinen etwas bewegungsfreudiger und robuster geworden sind, können Sie sie schon etwas „doller knuddeln“.

Die größte Bewegungsaktivität zeigen Nagerkinder übrigens zwischen ihrem zehnten und 25. Lebenstag. Da sie während dieser Wochen aber dazu neigen, völlig unvermittelt und ruckartig umherzuspringen, ist gerade in dieser auch als „Flohalter“ bezeichneten Phase Vorsicht geboten. Damit Ihre Kleinen im Ernstfall nicht allzu tief hinunterfallen können, setzen Sie sich beim gemeinsamen Spiel sicherheitshalber auf den Fußboden.

Gerade in diesem Lebensabschnitt beginnen die Jungtiere auch damit, sehr ausgelassen und recht ausdauernd mit ihresgleichen zu spielen und zu „kämpfen“. Buckelmachend und fellsträubend fallen sie immer wieder spielerisch übereinander her und jagen sich. Diese Scheinkämpfe, in denen die jungen Nager zahlreiche für ihr späteres Leben notwendigen Verhaltens- und Bewegungsmuster einüben können, sind bei Mäusen und Meriones meist von lautem Fiepen und bei Ratten häufig auch von heftigem Zähnewetzen begleitet. Wird einer der Spielpartner zu grob, quiekt der Unterlegene laut und der Angreifer lässt sogleich von ihm ab. Kurz darauf beginnt das gemeinsame Spiel von Neuem.

Sie selbst können die ausgeprägte Spielfreude Ihrer jungen Nager ebenfalls nutzen, indem Sie so häufig wie möglich mit ihnen spielen und freundschaftlich miteinander rangeln. Selbst wenn die wuseligen Kleinen dabei meist nur sehr schwer davon abzuhalten sind, im Zimmer umherzustürmen, sollten Sie ihnen den freien Auslauf jetzt natürlich noch nicht erlauben. Er wäre viel zu gefährlich für Ihre Pelzzwerge.

Tipps für eine Handaufzucht (bei Ratten)

Wenn das Muttertier selbst nach Verabreichen von genügend Wasser und Nahrungszusätzen nicht in der Lage sein sollte, ihren Nachwuchs (ausreichend) zu säugen, und zudem kein anderes Weibchen die Fütterung der Kleinen mitübernehmen kann, müssen Sie versuchen, die kleinen Nager von Hand mit einer Ersatzmilch aufzuziehen. Das ist zwar ein sehr mühsames und zeitaufwendiges Unterfangen, welches auch recht häufig von Rückschlägen begleitet wird. Je mehr Milch solche Jungtiere aber bereits von ihrer Mutter bekommen haben, umso größer sind ihre Überlebenschancen.

Wenn Sie Glück haben, wird die Pflege und das Wärmen der Kleinen von der Mutter selbst oder von Tanten übernommen und Sie brauchen nur noch das Säugen zu übernehmen.

Utensilien für die Handaufzucht:

- Wärmestrahler.
- Zahlreiche kleine Kunststoffspritzen bzw. Tuberkulinspritzen aus der Apotheke (jeweils ohne Kanüle).
- Jede Menge weiche und saugfähige Papiertaschentücher.
- Als Ersatznahrung, die stets angewärmt verfüttert werden muss, eignet sich beispielsweise mit Babybrei und etwas Glukose versetzte Kondensmilch (1 TL Babynahrung auf 50 ml Kondensmilch mit 12% Fettgehalt). Später sollte dieser Aufzuchtmilch noch eine kleine Menge eines Kalziumpräparates (z. B. Calcipot®) sowie eine Verdauungshilfe (Oralpädon®) beigemengt werden (aus: N.Wagener-Schramm, Ratten, S. 24–26, Hamster & Co 9/98). Recht erfolgversprechend bei der Aufzucht verwaister Ratten scheint außerdem die Verfütterung von Hunde- bzw. Katzenwelpen-Aufzuchtmilch zu sein.

Fütterungspraxis

Zunächst füttern Sie rund um die Uhr alle ein bis zwei Stunden. Lebensnotwendig sind die Bauchmassage (z. B. mit dem kleinen Finger, im Uhrzeigersinn) und das Warmhalten der Nestlinge. Nach drei bis vier Tagen können Sie den Fütterungsabstand allmählich vergrößern, bis Sie dann ungefähr am zehnten Lebenstag nur noch alle dreieinhalb bis vier Stunden Milch an Ihre Schützlinge verteilen.

Als erste feste Nahrung können Sie zwischen dem zehnten und vierzehnten Tag zusätzlich zur Aufzuchtmilch Haferflocken, etwas hart gekochtes Ei und einige geschälte Sonnenblumenkerne anbieten, später auch das von Ihnen üblicherweise verabreichte Nagerfutter. Sobald die Kleinen tüchtig an fester Nahrung knabbern, können Sie die Ersatzmilch ab und zu einmal in einem Schälchen anbieten und die verfütterte Menge langsam zugunsten des Nagerfutters reduzieren.

Zur optimalen Versorgung gerade handaufgezogener Nagerwaisen ist eine Zufütterung von kleinen Mengen vitamin- und mineralstoffreicher Heilnahrung bzw. von etwas Aufzuchtmilch (für Katzen oder Hunde) bis mindestens zur zwölften Lebenswoche unbedingt zu empfehlen. Dann haben auch diese Kleinen hoffentlich einen guten Start ins Nagerleben.

Anhang

Literaturverzeichnis

Bücher

Barnett, Samuel Anthony: The rat. The University of Chicago Press, 1975.

Bielfeld, Horst: Mäuse. Gräfe und Unzer, München 1993.

Freye, Hans-Albrecht: in: Grzimeks Tierleben, Säugetiere 2. dtv 1970.

Harkness, John E. und Wagner, Joseph E.: The Biology and Medicine of Rabbits and Rodents. Lea & Febiger, Philadelphia 1983.

Kötter, Engelbert: Rennmäuse. Gräfe und Unzer, München 1998.

Langos, Andrea: Pfiffige Ratten. Kosmos, Stuttgart 1997.

Mettler, Michael: Zahme Ratten. Falken, Niedernhausen 1996.

Olds, Ronald J. und Joan R.: Farbatlas der Anatomie der Ratte. Schoeber, 1984.

Platen, Heide: Das Rattenbuch. Campus, 1997.

Rohrbach, Carmen: Unsere Mäuse. Kosmos, Stuttgart 1997.

Rohrbach, Carmen: Unsere Rennmäuse. Kosmos, Stuttgart 1997.

Schmidt, Günter: Kleinsäuger. Eugen Ulmer, Stuttgart 1973.

Zeitschriften

Hamster & Co: Ulrich Verlag, Alheim.

Ein Herz für Tiere: Gong Verlag, Nürnberg.

Das Tier: Egmont Ehapa Verlag, Leinfelden-Echterdingen.

Tiere, Freunde für's Leben: Dino Verlag, Stuttgart.

Video

PET-TV *„Meine Ratte"*

Adressen

Verein der Rattenliebhaber und -züchter in Deutschland e. V. (VdRD)
Postfach 15 03 24
D-60063 Frankfurt am Main

Rattenclub Berlin-BRB
c/o Christiane Frost
Bornsdorferstr. 43
D-12053 Berlin

Club der Rattenfreunde Schweiz
Birmensdorferstrasse 483
CH-8055 Zürich

National Fancy Rat Society (NFRS)
NFRS Membership Co-ordinator
14 Clayhill House, Somers Close,
Reigate, Surrey, RH2 9EB, United Kingdom
London W13 9TX, ENGLAND

The Rat and Mouse Club of America (RMCA)
13075 Springdale St. Suite 302
Westminister, CA 92783, USA

National Mouse Club (NMC)
c/o John Mackerill
22 Malham Road, Rastrick, Brighouse
West Yorkshire, HD6 3JY, ENGLAND

Rennmaus-Zentrale
Söntgerather Str. 27
D-53819 Neunkirchen-Seelscheid

National Gerbil Society (NGS)
c/o Jackie Roswell
373 Lynmouth Ave, Morden, Surrey
SM4 4RY, UK, (tel 01 81 2 41 89 42), ENGLAND

Zentralverband Zoologischer Fachbetriebe (ZZF)
Rheinstraße 35
D-63225 Langen
Tel. (0 61 03) 2 30 95

Deutscher Tierschutzbund
Baumschulallee 15
53115 Bonn
Tel. (02 28) 60 49 60
Fax. (02 28) 6 04 96 40

Abbildungsnachweis

Zeichnungen: Sabine Drobik, Rottenburg-Oberndorf
Fotos: Karl-Heinz Widmann, Böblingen

Sachwortregister